퍼스트레이디 미셸 오바마

변화와 사랑의 메시지를 전하다

퍼스트레이디 **미셸 오바마** 변화와 사랑의 메시지를 전하다

2018년 10월 22일 초판 1쇄 인쇄
2018년 10월 26일 초판 1쇄 발행

글 강영철 / 그림 루루지
펴낸이 이철규 / 펴낸곳 북스
편집 강하나 / 편집디자인 이종한

편집부 02-336-7634 / 영업부 02-336-7613 / FAX 02-336-7614
홈페이지 http://www.vooxs.kr / 등록번호 제 313-2004-00245호 / 등록일자 2004년 10월 18일

주소 서울특별시 광진구 동일로 4길 32 2층
값 9,800원
ISBN 978-89-6519-196-4 74800
　　　978-89-6519-007-3 (세트)

잘못된 서적은 구입하신 서점에서 교환하여 드립니다.
이 책은 저작권법에 의해 보호를 받는 저작물이므로 불법 복제와
스캔 등 무단 전재 및 유포·공유를 금합니다.

이 도서의 국립중앙도서관 출판시도서목록(CIP)은 서지정보유통지원시스템 홈페이지(http://seoji.nl.go.kr)와
국가자료공동목록시스템(http://www.nl.go.kr/kolisnet)에서 이용하실 수 있습니다.
(CIP제어번호 : CIP2018033935)

퍼스트레이디 미셸 오바마

변화와 사랑의 메시지를 전하다

글 강영철 그림 루루지

머리말

국민들의 많은 지지를 받은 능력있는 퍼스트레이디

　미셸 오바마는 미국 최초의 흑인 영부인이에요. 어렸을 때 미셸은 시카고 변두리의 가난한 동네에서 태어난 평범한 흑인 소녀에 불과했어요. 더구나 아버지는 오랜 기간 병 투병 중이었고 집안 환경도 좋지 않았어요. 거실 방 하나를 오빠 크레이그와 나눠 쓸 정도로 가난했지요. 그럼에도 불구하고 미셸은 누구보다 열심히 공부를 했어요.

　처음 미셸이 공부에 흥미를 갖게 된 것은 오빠 크레이그 때문이었어요. 머리가 좋고 공부를 잘했던 크레이그에게 지지 않기 위해 미셸은 열심히 공부했지요.

　어린 미셸은 밤 열두 시까지도 책을 놓지 않았고 새벽에도 일찍 일어나 공부를 했어요. 습관처럼 공부를 하자 성적이 올랐고 모범생이 될 수 있었어요. 2학년 때는 오빠처럼 월반을 했고 중학교 때는 우등상을 받았어요. 영재들만 모이는 고등학교에 입학하기도 했지요.

　그렇다고 미셸이 늘 1등만 한 것은 아니에요. 생각만큼 시험 성적이 잘 나오지 않는 경우도 많았어요. 그래서 미셸은 늘 고민도 많았어요.

　특히 프린스턴 대학 진학을 결심한 미셸은 주변으로부터 "안 돼!", "부족해", "하지 마" 이런 소리를 들어야만 했어요.

　다들 시카고 빈민가 출신 흑인 여자 아이는 일류대학에 갈 수 없다고 미셸을 말렸지요. 심지어 성적이 모자라서 안 된다는 말까지 들었지요. 하지만 미셸은 모두들 힘들다고 한 프린스턴 대학 시험에 결국 합격했어요. 자신감을 갖고 열심히 공부한 덕에 실력으로 사람들의 편견을 이겨낸 것이지요.

　당시 많은 사람들이 흑인들은 운동신경이 발달해 운동에는 소질이 있지만 머리를 쓰는 공부에는 약하다는 편견을 갖고 있었어요. 그래서 흑인은 운동 선수가 되는 게 가장 빨리 사회에서 성공하는 길이라고 생각했지요.

　미셸은 사람들의 그런 편견이 싫었어요. 그래서 자신이 좋아하고 소질이 있었던 농구를 일부러 멀리했어요. 그대신 공부를 더 열심히 했지요. 흑인은 운동뿐만 아니라 공부도 잘한다는 걸 보여주고 싶었기 때문이에요.

　대학을 졸업한 미셸은 이후 변호사가 되었고 사회운동가를 거쳐 대통령 영부인이 되었어요.

　영부인 미셸 오바마는 소통의 아이콘으로 불리며 미국 대중들의 많은 인기를 얻었어요. 퇴임 후엔 대통령보다 더 지지율이 높은 영부인이 되었지요.

　미셸의 성공은 단순히 남편 버락 오바마를 만난 행운 때문이 아니었어요. 미셸은 항상 어려움에 굴하지 않고 자신의 미래를 혼자 힘으로 개척해 나갔습니다. 다른 사람의 말에 쉽게 흔들리지 않고 자신의 뜻을 이루려고 하는 강한 정신력을 갖고 있었지요. 이런 모습은 우리 모두가 본받아야 할 자세예요.

　이미 대통령 영부인에서 물러난 지 오래된 미셸의 인기는 아직도 여전합니다. 어떤 사람들은 미셸 오바마를 새로운 미국의 대통령으로 뽑자고 말합니다. 이에 대해 미셸은 자신이 대통령 선거에 나서는 일은 없을 거라고 했어요. 하지만 미래의 일은 아무도 모르는 일이지요. 미셸이 자주 했던 말처럼 세상에 하지 못할 일은 없는 것처럼 말이에요.

지은이 강영철

Michelle Obama

차례

머리말_국민들의 많은 **지지**를 받은 능력있는 **퍼스트레이디** 6

오빠는 내 인생의 라이벌 10

화재 대피 훈련 31

오빠 따라 대학 가기! 50

프린스턴에서 교육받는 흑인과 흑인 사회 72

한여름 밤의 꿈 92

재미있고 흥미진진한 인생 114

최초의 흑인 퍼스트레이디 135

자랑스러운 퍼스트레이디에서 미래의 대통령으로 156

미셸 오바마의 **생애** 179

미셸 오바마는 어떻게 **미국 국민**의 **사랑**을 받았을까? 180

오빠는 내 인생의 라이벌

미국 일리노이주 남부 시카고.

탁 탁 탁!

허름한 아파트 뒤뜰에서 농구공 튀기는 소리가 들려왔다.

크레이그는 가랑이 사이로 농구공을 튀기면서 크게 외쳤다.

"자, 마지막 1점 남았다."

사자머리에 운동복을 입은 크레이그는 올해 초등학교 5학년생이었지만 키는 중학생만큼이나 컸다.

이때 반대편에 버티고 선 동생 미셸이 큰 소리를 쳤다.

"흥, 어림없어."

미셸은 양팔을 번쩍 든 채 농구대 앞을 가로막았다. 몸놀림만큼은 또래 4학년생인 어느 여자아이들보다 빨랐다.

미셸은 양손을 위아래로 휘두르며 크레이그를 막아섰다. 질 수 없

다는 듯 입술을 앙다물었다.

"난 끝까지 포기 안 해."

크레이그는 빙글 돌아서며 미셸의 손길을 피했다. 그리고 공중으로 뛰어 올랐다.

"슛!"

크레이그가 한 손으로 던진 공은 정확히 골대 안으로 들어갔다.

"골인!"

주먹을 불끈 쥔 크레이그가 팔을 위아래로 흔들며 침을 튀겼다.

"오케이"

"이럴 수가!"

미셸은 바닥에 떨어진 공을 바라보며 망연자실했다. 이로써 10점 내기 농구 시합은 오빠 크레이그의 승리로 돌아갔다.

"10대 2야. 약속대로 아이스크림이나 사 와."

여태까지 미셸은 오빠와 농구 시합을 일곱번이나 했지만 한 번도 이기지 못 했다. 7전 7패였다.

미셸은 뭐든 오빠한테 지는 게 죽기보다도 싫었다. 크레이그가 초등학교 2학년 때 성적이 좋아 월반을 한 적이 있었다. 그걸 보고 샘이 난 미셸은 자신도 2학년이 되자 공부를 열심히 해 월반을 했다. 그만큼 미셸은 오빠를 라이벌로 생각했다.

"불공평해."

"뭐가?"

"오빠가 나보다 키도 크고 힘도 세잖아."

크레이그가 손가락 위로 농구공을 빙글 돌리며 웃었다.

"누가 그런 나랑 내기 시합을 하래?"

"흥, 우쭐 대지 마. 나중엔 꼭 오빠를 이길 거야."

크레이그가 갑자기 크게 웃었다.

"하하하. 넌 내 장래 꿈이 뭔지 아니?"

"몰라. 알게 뭐야."

"난 커서 프로 농구 선수가 될 거야. 그리고 나중엔 농구 감독을 할 거야."

어깨를 으쓱거리는 크레이그를 향해 미셸이 팔짱을 낀 채 콧방귀를 꼈다.

"누가 물어 봤어? 그래서 어쩌라고?"

턱을 치켜 들은 크레이그가 엄지손가락으로 자신을 가리키며 어깨를 으쓱거렸다.

"넌 죽었다 깨도 농구로 이 오빠를 이길 수 없단 말씀이지."

"윽! 잘난 척 그만해."

화가 잔뜩 난 얼굴로 미셸이 발끈했다.

"내가 못하면 나대신 내 남자 친구가 오빠를 이길 거야."

"꼬맹이가 벌써 남자 친구를 찾긴."

크레이그는 어이없다는 얼굴로 혀를 찼다. 그러거나 말거나 미셸은 손가락으로 크레이그를 가리키며 당당하게 말했다.

"내 남자 친구가 오빠를 농구로 혼내 줄 테니 두고 봐."

"하하 꿈도 참 야무지다. 그럼 넌 마이클 조던하고 결혼해야겠네."

"왜 내가 마이클 조던이랑 결혼을 해?"

"나랑 농구 시합을 해서 이길 실력자는 농구의 신, 마이클 조던 빼곤 없거든."

미셸이 콧방귀를 뀌며 말했다.

"걱정 마. 내 남자 친구라면 오빠 정도는 풍선껌 불 듯 날려버릴 거야."

옆구리에 농구공을 낀 크레이그가 제법 진지한 얼굴로 말했다.

"좋아, 그럼 앞으로 남자 친구가 생기면 나한테 데리고 와 봐."

"왜?"

"나랑 농구 시합을 해서 이기면 남자 친구로 인정해 주지. 대신 날 이기지 못하면 너랑 헤어지는 거야."

"좋아."

크레이그는 미셸 앞으로 손바닥을 내밀었다.

"이제 내기 시합에서 졌으니 빨리 아이스크림이나 사오시지."

순간 미셸은 또 '욱!' 하는 분한 감정이 일었다. 하지만 내기에서 진 건 사실이었다. 할 수 없다는 듯 미셸은 돌아섰다.

"알았어."

미셸은 바퀴가 달린 아이스박스를 끌고 다니는 길거리 노점상을 향해 달려갔다.

잠시 후, 미셸은 크레이그 앞으로 콘 아이스크림 한 개를 내밀었다.

"자, 여기 아이스크림."

크레이그는 미셸이 내민 아이스크림을 향해 입을 벌렸다.

"헤헤, 잘 먹을게."

하마처럼 입을 쫙 벌린 크레이그를 본 미셸은 갑자기 웃었다. 그리곤 아이스크림을 크레이그의 코를 향해 세게 밀어버렸다.

"욱!"

크레이그는 신음소리와 함께 인상을 찌푸렸다. 오빠의 코 주변은 아이스크림으로 범벅이 되었다. 콧구멍 속까지 크림이 들어갔는지 크레이그는 코를 벌름벌름 거리며 흥흥거렸다.

미셸은 재미있다는 듯 박수를 치며 웃었다.

"코로 먹으니깐 아이스크림이 더 맛있지? 하하"

화가 잔뜩 난 크레이그가 미셸을 쏘아 보았다.

이때서야 미셸은 자신이 무슨 짓을 했는지 깨닫고는 뒤돌아 도망치기 시작했다.

"야, 미셸 거기 서지 못 해."

미셸은 공터를 돌아 맞은편 허름한 아파트를 향해 전속력으로 뛰었다.

낡은 회색의 벽돌 아파트 2층이 미셸의 집이었다. 미셸은 쿵쾅거리며 계단을 뛰어 올라갔다. 문을 열고 들어 온 미셸은 거실을 둘러보며 가쁜 숨을 몰아쉬었다.

거실과 침실 1개, 화장실 1개가 아파트 안의 전부였다. 손바닥 만한 아파트라 미셸이 따로 숨을만한 곳도 없었다.

하나 뿐인 침실은 부모님의 방이었다. 거실은 널빤지와 커튼으로 경계를 나누어 오빠와 함께 반반씩 나눠 썼다. 하나는 크레이그의 방이었고 다른 쪽은 미셸의 방이었다.

자신의 방으로 들어간 미셸은 입구를 커튼으로 가려버렸다.

잠시 후, 씩씩거리며 나타난 크레이그는 미셸의 방 앞에 멈춰 섰다. 콩알만 한 집 안에서 미셸이 어디 숨어 있는지는 눈감고도 찾을 수가 있었다.

"넌 오빠를 뭘로 보는 거야?"

커튼 너머에서 덤덤한 목소리가 들려왔다.

"내 인생의 라이벌."

"라이벌이라니?"

크레이그가 가려져 있던 커튼을 휙 저치며 미셸을 바라봤다.

맞은편에서 팔짱을 낀 미셸이 도전적인 눈초리로 오빠를 보며 대답했다.

"맞수이며 경쟁자라고."

"나이도 어린 게 까불고 있네."

"1년 4개월 먼저 태어났다고 오빠 행세하는 거야?"

둘은 16개월의 나이차가 있었다. 미셸은 침대에 올라가서는 큰 소리를 쳤다.

"난 싸움도 잘 해. 한 번 붙어 볼래?"

미셸은 자신이 권투 선수라도 되는 듯 두 주먹을 불끈 쥐고는 흔들었다.

"취, 치!"

엄지손가락으로 콧등을 만진 미셸은 콧바람 소리를 내면서 이리저리 뛰어 다녔다. 크레이그는 불끈 쥔 주먹을 내보이며 안으로 들어갔다.

"좋아, 아까 아이스크림 값으로 꿀밤 한 개를 주마."

오빠가 가까이 오자 미셸은 양손으로 머리를 잡고는 큰 소리를 질렀다.

"으앙, 엄마! 오빠가 나 때리려고 해!"

미셸의 커다란 소리를 듣고 어머니 마리언이 가까이 왔다. 골치가 아프다는 듯, 한 손으로 이마를 짚으며 말했다.

"너희들 또 싸우는 거야?"

"싸우는 게 아니라 오빠가 나한테 꿀밤 때리려고 했어."

크레이그는 억울하다는 듯, 아직 얼굴에 남아 있는 물기를 가리키면서 말했다.

"엄마, 미셸이 제 얼굴에 아이스크림을 뭉갰어요. 쟤는 절 오빠라고 생각하지 않아요."

처음엔 한심하다는 듯 크레이그를 바라보던 마리언이 고개를 돌렸다.

"미셸, 제발 오빠랑 사이좋게 지내라고 했지?"

"오빠가 만날 절 이겨 먹고 놀리잖아요."

크레이그가 눈을 흘기며 미셸을 바라봤다.

"너야말로 나한테 매일 덤비고 대드니 그렇지."

마리언이 크게 박수를 한 번 친 뒤, 자리를 정리했다.

"자, 그만 싸우고 큰 소리는 이제 뚝!"

"네, 알겠습니다."

마리언이 입가에 손을 대자 크레이그는 시무룩한 얼굴로 미셸의 방에서 나왔다.

크레이그의 등을 손으로 두들기면서 마리언이 말했다.

"저녁 먹을 때까지는 자유 시간이니 각자 할 일을 해."

크레이그는 거실 한 구석 창가 아래 놓인 텔레비전을 향해 걸어갔다.

"난 텔레비전이나 봐야지."

텔레비전 앞에 선 크레이그를 향해 마리언은 당부하듯 한 마디를 했다.

"딱 한 시간만 봐야 해."

"네."

마리언은 항상 텔레비전을 한 시간 이상 보지 못하게 했다. 대신 독서나 체스, 모노폴리 게임, 운동 등 머리를 쓰거나 몸을 움직이는 취미를 갖도록 했다.

소파에 앉은 크레이그는 텔레비전에서 방영중인 미식축구 경기를 봤다.

창가 반대쪽 거실 구석에는 좁은 싱크대와 작은 테이블이 놓여 있었다. 그곳은 미셸의 네 식구가 식사를 하는 부엌 겸용 공간이었다.

엄마가 싱크대 쪽으로 가자 미셸이 옆으로 바싹 다가와 섰다.

"엄마, 저녁 하려고? 내가 도와줄게."

마리언은 딸이 대견한 지 미소로 대답을 대신했다.

미셸은 채소를 손으로 다듬는 마리언 옆에 서서 엄마를 도왔다. 엄마가 건네 준 채소를 물로 씻었다.

미셸은 크레이그를 턱으로 가리키며 물었다. 크레이그는 미식축구에 푹 빠져 있었다.

"엄마 난 왜 오빠랑 농구 시합을 하면 매번 지는 걸까?"

텔레비전 소리 때문에 미셸이 하는 말은 크레이그의 귀에까지는 들리지 않았다. 크레이그를 흘낏 바라본 마리언이 미셸에게 말했다.

"열심히 노력하면 이길 수도 있겠지."

"아냐, 그건 노력해도 힘들 것 같아. 오빠가 워낙 잘해서 난 할 수 없을 것 같아."

마리언이 미셸을 향해 똑바로 섰다. 그리고는 딸의 앞이마를 가린 머리카락을 한 손으로 쓸어 주면서 말했다.

"미셸, 무엇이든 할 수 없다는 말은 절대로 하지 마라."

뭐든 할 수 있다고 생각하라는 건 엄마가 늘 하던 말이었다. 하지만 미셸에게 이번만큼은 달랐다.

"근데 엄마, 해도 안 되는 게 있잖아. 오빠를 어떻게 농구로 이겨."

"오빠랑 비교해서 못할 뿐이지 네 또래 여자애들보다 넌 키도 크고

농구도 훨씬 잘하잖아."

"그러고 보니 그러네."

고개를 끄덕이던 미셸이 갑자기 생각이 났다는 듯 물었다.

"근데 엄마도 한때 육상 선수였지?"

"응, 어렸을 때 날아 다녔지. 중등부 기록도 매일 갈아치우고 말이야."

신이 나서 웃으며 대답하는 엄마의 얼굴을 미셸이 빤히 쳐다보며 물었다.

"근데 왜 중간에 그만뒀어?"

갑자기 엄마가 얼굴을 붉히며 말끝을 흐렸다.

"응, 그건 말이지."

자신의 과거를 떠올리며 마리언은 슬픈 얼굴로 대답했다.

"그건 부상 때문이었어."

"몸이 다 나은 다음에 또 하면 됐잖아?"

"한 번 다치고 나니 그 다음부터 뛰는 속도가 많이 떨어지더라고."

"그래서 그만 뒀어?"

"응. 난 남한테 지는 게 죽기보다 싫었거든."

엄마의 말을 가만히 듣고 있던 미셸이 손으로 얼굴을 가리며 웃었.

"하하하."

"갑자기 왜 웃니?"

"엄마랑 나랑 똑같아서. 나도 남한테 지는 게 싫어!"

"맞아, 질 바에는 안하는 게 낫지?"

마리언은 딸을 바라보며 '역시 이래서 피는 못 속이는구나.'라고 생각했다.

부상 이후 마리언은 계속 1등을 놓치자 곧 달리기에 흥미를 잃고 말았다. 그리고 빨리 달릴 수 없다면 차라리 그만 두는 편이 낫다고 생각했다. 그만큼 이기기 위해서 달렸고 승부욕이 강했다.

웃고 있던 미셸이 이내 고개를 갸웃거리더니 엄마에게 물었다.

"그럼 엄마도 결국 운동을 끝까지 하지 못한 거네?"

"그런 셈이지."

마리언이 고개를 끄덕이자 미셸은 엄마의 약점이라도 찾은 듯 큰 소리를 쳤다.

"거봐, 세상엔 안 되는 일도 있잖아!"

"아니, 엄마는 그렇게 생각 하지 않아. 지금은 운동을 안 하지만 언젠가는 꼭 다시 뛰고 말테야."

"어휴, 말도 안 돼."

엄마가 알 듯 모를 듯 말을 대신 했다.

"미셸, 나중에 두고 보면 알게 될 거야."

"정말? 할머니가 돼서 뛰겠다는 거야?"

"그럼, 엄마는 미래를 걱정하지 않아. 그러니 너도 앞날을 걱정하지마."

"응, 걱정 안 할게. 그런데 오빠는 꼭 이기고 싶어."

"오늘 오빠랑 농구 시합을 해서 진 모양인데, 언젠가는 다른 걸로 이길 수 있을거야. 그러니 포기하지 말고 노력해봐."

엄마는 뭐든 할 수 있다는 자신감을 가지라며 미셸의 등을 두들겨 줬다.

이때 갑자기 미셸의 머리 위로 뭔가가 퍼뜩 생각났다.

'맞아, 바로 그거야.'

미셸은 손에 묻은 물기를 수건으로 급히 닦으며 엄마에게 말했다.

"엄마, 나 아래층 대고모 댁에 갔다 올게."

대고모는 1층에 사는 아버지의 고모로 이 아파트의 주인이기도 했다.

"뭐하려고?"

"피아노 연습하게."

"네 방에 있는 걸로 연습하지 그래."

미셸의 방에도 중고 풍금이 있었다. 남이 쓰다 버린 걸 엄마가 주워 온 것이었다. 처음엔 미셸도 좋아했지만 중고라 그런지 성능이 떨어졌다. 너무 낡아서 삑삑거렸고 그나마 발을 있는 힘껏 꾹꾹 밟아야 소리가 제대로 나왔다.

"고장 나서 소리도 잘 안 나온단 말이야."

"그럼 이따 같이 저녁 식사하게 고모할머님도 모시고 와."

"응."

미셸은 아래층으로 향했다. 거실의 크레이그는 텔레비전을 보느라 미셸이 나가거나 말거나 신경을 쓰지 않았다.

후다닥 뛰어서 1층으로 내려간 미셸은 대고모 댁 초인종을 눌렀다.

몸집이 뚱뚱한 대고모가 언제나처럼 웃는 얼굴로 반겨줬다.

"오, 미셸 어서 오렴."

대고모는 양팔을 벌리며 환영해줬다. 미셸은 한쪽 무릎을 굽히며 고개 숙여 인사를 했다.

"안녕하세요. 대고모."

"피아노를 치러 온 모양이구나."

"네."

1층에 혼자 사시는 대고모는 집주인이라 여유가 넘치는 생활을 했다.

고급 양탄자가 깔린 거실 가운데에는 커다란 그랜드 피아노가 놓여 있었다. 어린 시절부터 보아온 미셸에겐 낯이 익고 정이 든 피아노였다. 자신의 방에 있는 낡은 풍금과는 비교도 안 될 정도로 음색이 좋았다.

미셸은 엄마에게 피아노를 사달라고 하고 싶었지만 그러지 못 했다. 학교에서 받는 정부보조금을 생활비로 써야할 정도로 미셸의 집은 가난했다.

피아노 앞에 앉자 조금 전까지 우울했던 마음이 어느새 사라지고 홀가분했다.

"맞아! 피아노다! 드디어 내가 오빠를 이길 수 있는 것을 찾았어."

미셸은 어릴 때부터 대고모에게서 피아노를 배웠.

대고모가 이제 제발 그만 좀 치라고 사정 할 때까지 피아노 앞을 떠나지 않았던 연습벌레였다. 이에 비해 크레이그는 피아노에 별 흥미를 느끼지 못 했다.

크레이그가 피아노를 못 치는 것은 아니었다. 가끔 고모 댁에 와서 피아노를 치기도 했다. 하지만 미셸에 비하면 크레이그는 피아노에 별 열의가 없었다. 그래서 미셸의 방에 있는 낡은 풍금은 쳐다보지도 않았다.

크레이그가 크게 관심을 갖는 건 농구, 축구 같은 스포츠와 하루 한 시간 텔레비전 시청이었다. 가끔 책읽기도 좋아했다.

피아노 앞에 앉은 미셸은 부드럽게 건반을 두들기며 체르니 100번을 연습했다.

"피아노라면 오빠보다 더 잘 칠 자신이 있지."

자신감이 넘치자 피아노를 치는 시간이 즐겁기만 했다. 오늘도 대고모가 쫓아낼 때까지 피아노를 칠 생각을 했다.

눈을 감고 고개를 흔들며 건반 소리에 심취한 미셸 옆으로 찻잔을 든 대고모가 다가왔다.

"오, 미셸 오늘따라 유난히 잘 치는구나. 실력이 부쩍 많이 늘었네."

대고모의 칭찬에 미셸은 더욱 우쭐했다.

"이 정도는 껌이죠."

미셸은 어깨를 들썩이며 피아노를 치면서 대고모에게 물었다.

"이 정도 실력이면 제가 크레이그보단 피아노를 잘 치죠?"

찻잔을 들이킨 대고모가 웃으며 대답했다.

"아니."

순간 미셸의 얼굴이 딱딱하게 굳었다.

"아니라니요?"

"너 아직 몰랐구나? 네 오빠도 피아노를 잘 친단다."

피아노를 치던 미셸의 손놀림이 뚝 멈췄다. 심각한 얼굴로 대고모를 바라보며 미셸이 물었다.

"그럼, 오빠가 저보다 피아노를 더 잘 친단 말이에요?"

"내가 보기엔 그런 것 같은데."

대고모의 말이 끝나기 무섭게 미셸은 자리에서 벌떡 일어섰다. 그리고는 씩씩거리면서 거실 문밖을 향해 걸어갔다.

'아니야. 그럴 리 없어.'

미셸은 대고모에게 인사도 없이 문밖을 나섰다. 그런 미셸을 대고모는 의아한 얼굴로 바라봤다.

"무슨 일이지? 오늘따라 빨리 가네."

문을 나온 미셸은 계단을 두 개씩이나 건너뛰며 껑충껑충 올랐다.

집으로 들어가자마자 미셸은 오빠를 찾았다. 크레이그는 텔레비전이 놓인 창가 거실 소파에는 없었다. 그러고 보니 한 시간이 지난 뒤였다.

미셸은 오빠 방을 가린 커튼을 휙 치웠다.

방 안 침대에 누워서 만화책을 보던 크레이그가 인상을 찌푸렸다.

"노크도 없이 무슨 짓이니?"

"방문도 없는데 웬 노크?"

"입으로라도 똑똑이라고 해야지."

미셸은 만화책을 다시 보는 크레이그에게 다짜고짜 용건을 밝혔다.

"오빠 나보다 피아노 잘 쳐?"

"너 요새 뭐 연습 하냐?"

"체르니 100번."

크레이그는 만화책에서 눈을 떼지 않은 채 낄낄거렸다. 잠시 후, 씩 웃으며 크레이그가 자랑하듯 말했다.

"쇼팽 치는 게 훨씬 재미있어."

"오빠가 쇼팽 곡을 칠 수 있다고?"

쇼팽의 곡을 자유롭게 치는 것은 미셸의 오래된 소망이었다. 그런데 피아노를 제대로 치는 것을 보지 못 했던 오빠가 쇼팽의 곡을 연주한다니 믿을 수 없는 일이었다.

"거짓말!"

미셸이 혀를 내밀며 못 믿겠다는 표정을 지었다. 그러자 침대에 누워있던 크레이그가 몸을 일으키며 일어섰다.

"못 믿겠으면 직접 보여주지. 따라 와."

크레이그는 미셸을 데리고 옆방으로 갔다. 바로 미셸의 방이었다.

"왜 남의 방에 쳐들어오고 난리야?"

큰 소리를 치는 미셸을 아랑곳하지 않고 크레이그는 먼지가 앉은 풍금 앞에 앉았다.

"좀 깨끗이 치우고 다녀라."

풍금 뚜껑을 연 크레이그는 이윽고 양손으로 건반을 누르기 시작했다. 그리고 양발로 페달을 밟으며 연주를 시작했다.

풍금 옆에 선 미셸은 자신의 두 귀를 의심하며 깜짝 놀랐다. 예전엔 삐걱 거리고 꺽꺽 거리던 풍금에서 아름다운 선율이 흘러나왔기 때문이었다.

"쇼팽의 발라드야."

오빠가 건반을 건드릴 때마다 딩딩 댕댕 딩동댕 소리를 내며 풍금이 울려 퍼졌다.

이때 풍금 소리를 듣고서 마리언이 방 앞으로 다가왔다.

"풍금 고장 났다고 하더니 멀쩡하네? 어머, 크레이그 잘 치는데……"

마리언이 칭찬하자 크레이그는 여유롭게 한 손으로 브이 자를 그려 보였다. 그리곤 다시 두 손으로 쇼팽의 발라드를 능숙하게 연주했다. 피아노로도 쉽지 않은 곡을 풍금으로 여유롭게 치고 있었다.

이를 바라보는 미셸의 얼굴은 홍당무처럼 빨개졌다. 미셸은 속으로 부글부글 끓어 넘치는 질투심을 억누르며 생각했다.

'왜 오빠는 못하는 게 없는 거야?'

이런 미셸의 속마음을 알고 있다는 듯 크레이그가 웃으며 말했다.

"미셸, 넌 이렇게 못 할걸? 앞으론 날 쇼팽 오빠라고 불러다오."

양손을 불끈 쥔 미셸이 더는 참지 못하고 풍금 뚜껑을 잡아 당겼다. 쾅 소리와 함께 뚜껑이 닫히면서 크레이그의 손등 위로 떨어졌다.

뭐야! 소리와 함께 크레이그는 펄쩍 뛰며 손을 빼냈다. 다행히도 풍금 뚜껑이 크레이그의 손가락 끝을 스치는 것으로 끝났다.

마리언이 인상을 찌푸리며 미셸을 돌아봤다.

"미셸, 오빠한테 무슨 짓이니?"

미셸은 화가 난 얼굴로 크레이그에게 경고하듯 말했다.

"나보고 할 수 없단 말은 하지 마!"

화재 대피 훈련

한가한 일요일 낮이었다.

점심 식사 후, 미셸은 크레이그와 모노폴리 게임을 하고 있었다.

모노폴리는 주사위 두 개를 던져 나온 숫자의 합만큼 칸을 움직이는 게임이었다. 만약 각각 던진 주사위의 눈이 똑같이 나오면 한 번 더 주사위를 던질 수 있었다.

미셸은 양손에 든 주사위 두 개를 힘껏 흔들었다.

"좋았어, 이젠 땅을 사러 가자."

모노폴리는 보드판을 이동하며 땅과 집을 사는 게임이었다. 게임에서 이기려면 같은 색깔의 땅을 모아야 했다. 같은 색깔로 땅을 맞추려면 게임 상대방과 협상을 해 땅과 건물을 교환하거나 구입해야 했다. 그만큼 머리를 써야 했다.

"너희들 아직도 게임 안 끝났니?"

외출복으로 갈아입은 마리언이 한 마디 했다. 하지만 게임에 집중한 미셸의 귀에는 아무 소리도 들리지 않았다.

점심 식사 후, 모노폴리 게임을 시작했을 때는 엄마도 함께 했었다. 하지만 마리언은 크레이그와 미셸의 초반 기세에 눌려 얼마 못 가고 모았던 땅과 건물을 모두 잃고 말았다. 결국 마리언은 게임을 포기하고 아버지랑 외출을 나가기로 했다.

"조심하세요."

마리언은 남편 프레이저를 부축했다. 군인 출신인 프레이저 로빈슨은 딱 벌어진 어깨에 키가 크고 건장했다. 하지만 프레이저는 30세에 다리에 감각이 없어지는 다발성경화증을 진단 받았다. 다치기 전까지는 수영과 권투 선수였지만 이제는 혼자 걷기도 힘들었다.

전에는 지팡이에 의지해 걸어 다녔지만 이제는 목발 두 개를 사용했다. 그만큼 상태가 좋지 않았다. 얼마 안 있으면 목발 대신 휠체어를 타야 할지도 몰랐다.

안방에서 마리언은 프레이저가 옷을 갈아입는 것을 도와줬다. 집에 앉아 있는 것보다는 몸을 움직이는 게 프레이저의 건강에 더 도움이 되리라는 생각 때문이었다.

게임에 몰두한 미셸은 주사위를 던지기 전에 혼신의 힘을 불어넣었다.

"자, 마지막이다."

이제 6학년이 된 미셸은 공부를 잘해서 영재반에 입학했다. 영재반에서 불어를 배우면서 자신감도 부쩍 늘었다. 오빠가 불어를 못했기 때문에 기분이 더욱 좋았다. 키도 또래들보다 머리 하나가 더 클 정도로 훌쩍 컸다.

"아자!"

주사위 눈금 두 개의 숫자를 합쳐 12가 나왔다. 미셸이 원하는 숫자가 나왔고 같은 눈금이 나와 한 번 더 던질 수 있었다. 크레이그의 얼굴은 점점 어두워져갔다. 미셸은 신이 나서 다시 한 번 주사위를 던졌다. 게임의 승부는 점점 미셸의 편으로 기울고 있었.

이제 크레이그가 주사위를 던질 차례였다.

"빨리 던지지 않고 뭐 해!"

크레이그는 무조건 두 개의 주사위를 던져 6이상의 숫자가 나와야 했다. 초초한 얼굴의 크레이그가 망설이던 끝에 힘겹게 주사위를 던졌다.

각각의 주사위는 숫자 2와 3이 나왔다. 둘이 합쳐 5. 만약 똑같은 숫자가 나왔다면 한 번 더 할 수 있었지만 이제 기회는 없었다.

"망했다. 파산이야."

초반에 잘 나갈 때 땅을 구입해 건물과 호텔을 마구 사들이며 욕심을 부린 대가였다.

"미셸, 나한테 남은 부동산을 조금만 주면 안 되겠니?"

만약 미셸이 허락을 한다면 크레이그는 주사위를 한, 두 번 더 굴릴 수 있었다. 하지만 미셸은 단호했다.

"오빠는 망했고 게임은 끝났어."

크레이그는 가지고 있던 부동산을 경매에 처분했지만 알거지가 됐다.

"내가 졌다."

미셸은 감격에 젖었다. 그동안 농구, 피아노, 공부 그 모든 것에서 오빠를 이겨 본 적이 없었다. 그런데 드디어 오늘 모노폴리 게임에서 이긴 것이었다.

"엄마, 아빠 드디어 내가 오빠를 이겼어요."

미셸은 엉덩이를 흔들고 춤을 추면서 한 바퀴를 돌았다. 저도 모르게 환호성을 외쳤다.

감격하는 미셸을 앞에 두고 크레이그는 시원하게 패배를 인정했다.

"미셸, 부동산 재벌이 된 걸 축하해."

춤을 추면서 좋아하던 미셸은 갑자기 배가 아파왔다. 게임을 하는 동안 화장실 가는 것도 참았기 때문이었다. 승리가 정해지자 이제야 신호가 왔다.

아랫배를 움켜 쥔 미셸은 화장실로 달려갔다.

그새 외출준비를 맞춘 마리언이 남편을 부축하고 밖으로 나왔다. 워낙 미셸의 소리가 컸기에 마리언은 이미 누가 승자인 줄 알고 있었다. 크레이그가 다가와 아버지 프레이저가 구두를 신는 걸 도와줬다. 이때 마리언이 크레이그에게 말했다.

"너 혹시 일부러 져준 거 아니냐?"

"헐, 어떻게 아셨어요?"

구두를 신겨주던 크레이그가 깜짝 놀랐다. 마리언은 웃으며 대답했다.

"처음에 이용료를 올리면서 욕심을 부리는 걸 보고 알았지."

"미셸에겐 비밀이에요."

"왜 져 준 거야?"

"미셸은 지는 걸 죽도록 싫어하잖아요."

마리언이 고개를 끄덕이자 크레이그가 계속 말했다.

"요새 모노폴리가 재미있는데, 제가 계속 이기면 미셸이 저랑 안 할까봐서요."

크레이그는 미셸이랑 나중에 또 게임을 하고 싶어 일부러 져 준 것이었다.

"글쎄다, 미셸이 이 사실을 알게 되면 가만히 있을까?"

"그러니 쉿, 조용히 하셔야 해요."

"알았다. 아빠 모시고 나갔다 올 테니 잘 놀고 있어라."

마리언은 프레이저를 부축해서 밖으로 나갔다.

잠시 후, 미셸이 팔짱을 낀 채 크레이그 앞으로 다가왔다.

화장실에 앉아 있었던 미셸은 밖에서 엄마와 오빠가 나누는 대화를 모두 다 들었다. 좁은 집에서 비밀이란 있을 수 없었다.

"야, 크레이그!"

"건물주님, 왜 부르세요?"

"왜 놀려?"

"놀리긴 부동산 재벌이 됐으니 칭찬해 주는 거지."

미셸의 얼굴은 어느새 붉어져 있었다.

"화장실 안에서 다 들었거든. 일부러 져 준거라며?"

"아, 그게 아니라."

"뭐가 아니야? 내가 안 놀아줄까봐 일부러 져 준거라고 했잖아."

"아휴, 미안해."

미셸은 휘익 돌아섰다.

"다신 그럴 필요 없어."

자존심이 상한 미셸의 두 눈에서 순간 눈물이 주룩 흘러내렸다.

미셸은 자신의 방으로 들어갔다. 전에 커튼으로 구분되어 있던 방이 지금은 널빤지로 가려져 있었다.

크레이그가 미셸을 따라 들어오며 미안해했다.

"미셸 울지 마."

"나가, 사라져!"

미셸은 크레이그에게 베개를 집어 던졌다. 베개를 얼굴에 정통으로 맞은 크레이그는 할 수 없다는 듯 밖으로 나갔다.

다시 베개를 주워 집어들은 미셸은 침대 위로 다가가 누웠다.

'기껏 오빠를 이겼다고 기뻐했는데 그게 속임수였다니!'

미셸은 베개에 얼굴을 묻고는 본격적으로 펑펑 울기 시작했다. 생각할수록 열이 받았다. 미셸은 한참 눈물을 흘리다 어느새 지쳐 잠이 들고 말았다.

"미셸, 미안해."

조심스럽게 방안을 살펴보던 크레이그는 미셸이 잠이 든 걸 보았다.

이때 무슨 생각을 했는지 크레이그는 가볍게 웃고는 조용히 문을 닫았다.

"불이야!"

잠결에 미셸은 무슨 소리인가를 들었다. 하도 잠이 깊게 들어 낮인지 밤인지도 구분이 되지 않는 상태였다.

멀리서 들려오던 소리가 조금씩 크게 들려왔다. 그리고 마침내 귓가에서 크게 들렸다.

"불이라고, 불 불 불!"

커다란 소리에 미셸은 눈을 번쩍 떴다.

눈을 뜬 미셸의 시야로 벌건 불길이 보였다. 널빤지로 가려진 벽면에서 불이 활활 타오르고 있었다.

언뜻 보니 크레이그가 밖에서 "불이야!"를 외치며 뛰어다녔다.

화들짝 놀라 침대에서 벌떡 일어선 미셸은 큰 소리로 따라 외쳤다.

"불이야!"

미셸은 침대에서 일어나려다 쿵 소리와 함께 벽면에 부딪쳤다. 너무 놀라 정신이 없었던 미셸은 다시 밖으로 나가려다 문에 또 부딪쳤다.

밖에서 쿵쾅거리며 뛰어다니던 크레이그가 큰 소리로 외쳤다.

"미셸, 빨리 물을 퍼서 불을 꺼야지!"

미셸은 거실 구석의 주방을 찾아갔다. 눈앞의 불길은 여전히 사방 곳곳에서 번지고 있었다. 미셸은 침착하게 수돗물을 켜고 양동이에 물을 받기 시작했다. 그러다 갑자기 언뜻 생각이 났다.

'아냐, 몸이 불편한 아빠를 먼저 피신시켜야 해.'

수돗물을 받던 미셸은 양동이를 내버려 둔 채 돌아섰다.

"아빠, 아빠!"

미셸은 안방 문을 향해 다가가며 큰 소리로 외쳤다. 하지만 안방 침실 앞은 커다란 불길로 가려져 있었다.

불길이 앞을 가렸지만 미셸은 굴하지 않고 침실 문을 열었다. 방 안에도 역시 불길이 번지고 있었다. 하지만 아무도 보이지 않았다.

"아빠가 안 보여! 아빠 어디 계세요."

미셸은 울부짖으며 불길 속을 헤맸다. 밖으로 나온 미셸은 불길 속에서 멍한 얼굴로 선 크레이그를 보았다.

땀과 눈물로 뒤범벅이 된 얼굴로 미셸은 절규하듯 외쳤다.

"오빠, 아빠를 먼저 살려야 해."

가만히 서 있는 크레이그가 원망스러운 듯 미셸은 오빠의 가슴을 치면서 울부짖었다.

"아빠는 다리가 아파서 못 도망치잖아."

계속해서 미셸은 아빠를 외치면서 큰 소리로 울었다.

우는 미셸을 보고 움찔한 크레이그가 뒤통수를 긁으며 말했다.

"미셸, 아빠는 엄마랑 외출하셨어."

미셸은 크레이그의 말을 멍한 얼굴로 듣고는 말했다.

"뭐? 그걸 왜 이제야 말해."

미셸은 고개를 돌려 주변을 살펴보았다. 여전히 미셸이 보는 곳마다 불길이 번지고 있었다. 미셸은 오빠의 한 손을 잡아끌면서 다급한 얼굴로 외쳤다.

"그럼 빨리 우리도 도망가자!"

뛰어나가려던 미셸은 세 걸음도 떼기 전에 그만 넘어지고 말았다. 꽈당 소리가 날 정도로 큰 소리가 나며 미셸은 바닥에 얼굴을 부딪쳤다.

쓰러진 채로 얼얼한 얼굴을 만지면서 미셸은 앞을 봤다.

그런데 이게 웬걸, 방금 전까지 뻘겋게 보였던 세상이 갑자기 훤하게 보였다.

그리고 바로 아래를 보니 바닥에 안경이 떨어져 있었다. 안경을 주워 자세히 살펴보니 안경알에는 불길 모양이 빨간 매직으로 그려져 있었다.

그제야 미셸은 자신이 평소 안경을 끼지 않는다는 사실을 알아챘다. 이 안경은 크레이그의 것이 틀림없었다.

미셸이 안경을 써 보자 어찌된 일인지 알 수 있었다.

안경을 끼자 눈앞의 세상이 온통 불길 속에 갇힌 것처럼 보였다. 안경알에 그려진 빨간 불길 모양 때문에 실제 불이 난 것처럼 착각을 했던 것이었다.

"뭐야, 장난이었어?"

화간 잔뜩 난 미셸은 안경을 오빠에게 집어 던졌다.

크레이그는 다가오는 미셸에게 양손을 싹싹 빌어보였다.

"미셸 네가 하도 슬퍼 보여서 위로 차 장난 좀 쳤어."

"나도 장난 좀 쳐 볼게."

미셸은 오빠의 등짝을 짝 소리가 나게 때렸다.

"으악! 등에 불이야."

크레이그는 비명을 질렀다. 하지만 미셸은 분이 안 풀렸는지 양손으로 오빠의 가슴을 마구 때렸다.

"오늘 벌써 두 번째 장난이야. 용서하지 않겠어."

"와아, 진짜로 아프다. 그만해."

크레이그는 미셸을 껴안으며 자신을 못 때리게 막았다. 그러자 미셸이 크게 울면서 흐느꼈다.

"아빠가 잘못된 줄 알고 내가 얼마나 걱정했는지 알아."

미셸의 말에 크레이그는 움찔했다. 처음에는 미셸을 골려줄 생각으로 장난을 쳤다. 특히 불이 난 줄 알고 여기저기 부딪치며 당황하던 미셸을 봤을 때는 웃음이 절로 나왔다. 하지만 어린 동생이 아버지를 구하려고 뛰어다니는 것을 보고는 적지 않게 감동을 했다.

"네가 아빠를 구하려고 할 땐 나도 뭉클했어."

"나도 모르게 아프신 아빠가 걱정됐어."

"미셸 놀라게 해서 정말 미안해."

크레이그는 미셸의 등을 두들겨 줬다.

"우리 이제부터 다른 게임을 하자."

울음소리가 잦아들던 미셸이 오빠를 의심에 찬 눈초리로 바라봤다.

"무슨 게임? 또 날 놀리려고?"

크레이그가 고개를 젓고는 신중한 얼굴로 바라봤다.

"화재 대피 게임이야."

"그건 또 뭐야?"

"진짜 불이 나면 다리가 아프신 아빠를 어떻게 피신시킬지 미리 훈련하는 게임이야."

오랜만에 미셸의 얼굴에 웃음이 일었다.

"좋아. 오빠답지 않은 훌륭한 생각인데."

크레이그는 안경을 다시 주워들었다. 미셸이 집어 던지면서 안경테가 조금 휘어졌다. 크레이그는 테를 다시 반듯하게 펴고는 미셸에게 안경을 씌워졌다.

"자, 이걸 끼고 진짜 불이 났다고 생각해 보자."

"좋아, 아빠 역할로는 이게 제 격인 거 같아."

미셸은 생일 선물로 받은 커다란 곰 인형을 가져왔다. 그리고는 곰 인형을 안방 침대에 뉘였다. 그 위로 이불까지 덮으면서 이렇게 말했다.

"아빠 여기서 편히 주무시고 계세요. 불이 나면 제가 구하러 올게요."

크레이그는 미셸을 주방으로 데리고 갔다. 그리고는 벽난로를 가리키면서 말했다.

"아마도 불이 난다면 여기가 제일 위험하겠지?"

벽난로는 집 안에서 제일 화재 위험성이 높은 곳이었다. 크레이그는 집안 구석에 숨겨져 있던 소화기를 찾아내 벽난로 옆에 놓았다.

"자, 이제부터 불이 나면 아빠를 데리고 어디로 갈지 게임을 할 때처럼 생각해보자."

"응, 일단 문밖 계단으로 나가야지."

"좋아. 그럼 1번 계단, 2번 침실 창밖. 3번 거실 창밖으로 나누어서 생각을 보자."

게임을 할 때처럼 곰곰이 생각하던 미셸이 말했다.

"아래층 대고모 댁이 가까우니 계단이 빠르겠어."

크레이그가 고개를 저었다.

"계단은 너무 위험해. 아빠가 목발을 짚고 내려가기 쉽지 않을 거야."

"그럼 위층으로 올라갈까?"

"아니야, 불길은 아래서 위로 올라가잖아. 그것도 위험해."

불보다 연기가 더 위험했다. 크레이그는 계단은 질식사 할 수 있으니 창문으로 피하는 게 좋겠다고 말했다. 하지만 이번엔 미셸이 고개를 저었다.

"그러다 아래로 떨어지면 어쩌려고?"

"여긴 2층이잖아. 고층이 아니라 덜 위험해."

"그럼 2번과 3번 창문 중 어디가 좋을까?"

"직접 살펴보자."

남매는 3번 거실 창문부터 살펴봤다. 그런데 문제가 있었다. 다리가 아픈 크레이저가 거실까지 나오려면 시간이 꽤 걸렸다. 미셸이 안방을 가리키며 말했다.

"그냥 2번 침실 문밖으로 대피하는 게 좋겠어."

침실 창문은 거실 창문보다 커서 대피하기에도 좋았다. 미셸이 창문을 열고는 아래를 내려다보며 걱정을 했다.

"그래도 다리가 아픈 아빠가 여길 뛰어내릴 순 없잖아."

"그러니 머리를 써야지."

어느새 아래층으로 뛰어 내려간 크레이그가 사다리를 가져와 창가에 댔다.

신기한 듯 창밖을 내려다보며 미셸이 소리쳤다.

"이 사다리는 어디서 난 거야?"

"고모한테서 빌렸어. 항상 이 창가 아래 놓아두자."

"근데 어떻게 아빠가 사다리를 타고 내려가?"

"그건 내가 올라가서 해결할게."

다시 위로 뛰어올라온 크레이그가 거실 주변을 두리번거리며 살폈다. 그리고는 미셸과 크레이그의 방 사이에 놓인 널빤지 중 하나를 빼냈다.

크레이그는 널빤지를 창가에 놓인 사다리 위로 놓았다. 널빤지는 마치 미끄럼틀처럼 사다리 위에 놓였다.

"오호, 이걸 타고 내려가는 거야?"

"아니, 아빠는 다리가 아프시니 더 안전하게 내려가야지."

이번에 크레이그는 플라스틱 썰매를 가져왔다. 겨울에 타고 놀던 꽤나 긴 파란색 썰매였다. 크레이그는 썰매 끝에 줄까지 매달아서 잡아당길 수 있게 만들었다.

"좋아, 이제 대피 연습을 해보자."

"알았어."

빨간 안경을 낀 미셸이 "불이야!" 하며 소리쳤다. 그러자 크레이그도 따라 외쳤다.

미셸은 재빨리 안방으로 뛰어 들어가 곰 인형을 썰매에 태웠다.

"아빠, 불이 났으니 제가 모실게요. 조금만 참으세요."

계단을 통해 밖으로 달려 나간 크레이그는 2층 창틀을 향해 긴 사다리를 걸쳤다. 그리곤 창가를 향해 소리쳤다.

"미셸, 빨리 서둘러."

미셸은 우선 사다리 위로 널빤지를 걸쳤다. 그러자 밑에서 기다리던 크레이그가 널빤지를 꽉 잡았다.

미셸은 사다리 널빤지 위로 썰매를 올리고는 천천히 줄을 내렸다.

아래층에서 기다리던 크레이그는 썰매를 조심스럽게 받았다.

"좋아, 성공이다."

"드디어 아빠를 무사히 대피시켰어."

크레이그가 소리쳤고 미셸도 감탄한 얼굴로 내려다봤다.

"근데 곰 인형이라 너무 가벼운 거 같아."

"이번엔 우리가 해보자."

위층으로 다시 올라간 크레이그가 이번엔 썰매에 미셸을 태웠다. 그리고는 사다리 널빤지 위로 올린 썰매를 천천히 아래로 내렸다. 미셸은 겁을 먹기는커녕 신나했다.

"야호, 이거 정말 재미있는데."

이때 거리 한 쪽에서 마리언은 크레이저를 부축해 아파트로 돌아오고 있었다. 썰매를 타고 창밖을 내려오는 미셸을 본 마리언은 크게 놀라 소리쳤다.

"너희들 또 무슨 장난을 치는 거야?"

그날 밤, 미셸과 크레이그는 각자의 방에 나란한 누웠다. 오늘 화재 대피 훈련을 하면서 미셸은 평소에 관심이 없었던 소화기와 마스크 등을 챙겼다.

집에 불이 나면 어떻게 몸이 아프신 아버지를 구출해야 할지도 구체적으로 생각해 봤다. 그러면서 사려심이 깊고 준비성이 철저한 크레이그의 새로운 면을 보았다.

널빤지를 사이에 두고 침대에 누운 미셸은 건너편 오빠의 방에 대고 말했다.

"오빠 오늘 처음으로 멋있어 보였어."

"난 네가 아빠를 구하는 모습에 감동 먹었어."

"근데 아빠가 걸렸다는 병은 무슨 병이야?"

미셸은 다발성경화증이 어떤 병인지 자세히 몰랐다. 크레이그가 반대편 미셸의 방에 대고 설명했다.

"뇌 같은 몸의 신체 여러 부분이 딱딱해지는 병이야. 그래서 잘 움직이지 못하게 되지."

오빠는 어려운 단어를 알기 쉽게 설명했다. 평상시라면 잘난 척 하지 말라고 했을 텐데, 오늘밤에는 그런 말을 하지 않았다.

"난 아빠가 불쌍해. 아빠가 죽는다는 건 상상도 못 하겠어."

"미셸, 넌 아빠가 얼마나 강한 분인지 알지?"

"응, 알아."

아버지는 몸이 아픈 와중에도 가족들 앞에서 얼굴을 한 번도 찡그린 적이 없었다. 목발 없이는 걷지도 못 하면서도 회사를 빠진 적도 없었다.

"우리가 부자면 아빠 병을 금방 고칠 수 있지 않을까?"

미셸은 오늘 모노폴리 게임에서 승리를 했을 때의 감정을 잊지 못했다. 그것은 마치 자신이 백만장자 부동산 재벌이 된 듯한 느낌이었다.

"모노폴리 게임에서처럼 땅이랑 새집을 맘대로 샀으면 좋겠다."

"미셸. 그건 게임일 뿐이야. 꿈 깨!"

커가면서 미셸은 시카고 남부 빈민가의 현실을 자신도 모르게 느

끼고 있었다. 이곳은 점점 흑인들만 남고 백인들은 이사를 갔다. 남은 사람들은 대부분 가정 형편이 좋지 않았다. 미셸의 가정은 그나마 괜찮은 편이었다.

'우리에겐 몸이 아파도 그걸 잊고 일하시는 아버지가 있잖아!'

편찮으신 아버지가 장애쯤은 아무것도 아니라는 듯 세상에 맞서는 모습을 보면서 미셸은 힘과 용기를 얻었다.

"이런 불행쯤은 아무것도 아니야."

자신도 모르게 미셸은 조용히 잠이 들었다.

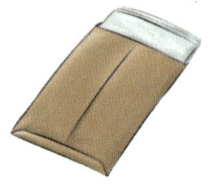

오빠 따라 대학 가기

성적이 우수한 학생들이 다니는 영재 특수 학교인 휘트니 영 정문에는 시험을 마치고 나오는 학생들로 가득했다.

여학생들 사이에서 유난히 키가 큰 미셸이 돋보였다. 허리를 쭉 펴고 당당히 걸어가는 미셸의 얼굴에는 여유로운 웃음이 가득했다. 방금 치른 시험을 잘봐 유난히 기분이 좋았다.

누군가 미셸의 뒤에서 손짓을 하며 불렀다.

"하이, 미셸! 시험 잘 봤어?"

같은 반의 마이클이 웃는 얼굴로 뛰어왔다. 축구부인 마이클은 건장한 체격에 공부도 잘해서 여학생들 사이에서도 꽤나 인기가 많았다.

"당연하지. 넌?"

"나도 굿이지. 근데 컴퓨터 워드 시험이 약간 마음에 걸려."

"왜? 설마 독수리 타법으로 친 건 아니지?"

"물론 시간 안에 끝냈는데 컴퓨터 선생님이 워낙 학점을 잘 안 준다는 소문이 있더라고."

"난 별로 걱정 안 해."

미셸은 마지막 워드 시험을 떠올렸다. 누구보다도 빠르고 정확하게 자판을 두들기고 먼저 답안지를 제출했다. 그때 주변을 둘러보니 모두들 자판기를 누르느라 정신이 없었다. 제 시간 안에 워드 작업을 마친 사람은 자신뿐이라고 생각했다.

속으로 미소 짓는 미셸에게 마이클이 주저하는 얼굴로 물었다.

"우리 시험도 끝났는데 같이 놀러 갈래?"

미셸은 초롱초롱 빛나는 눈으로 마이클을 바라봤다.

"지금 나한테 데이트 신청하는 거니?"

"응."

고등학교 2학년인 미셸은 키가 180센티미터로 컸고 늘씬한데다 공부까지 잘했다. 남학생들에게도 인기가 좋아서 같이 미팅을 하자고 쫓아오는 경우도 자주 있었다.

하지만 미셸은 남자를 보는 눈이 까다로웠다. 외모는 크게 보지 않았지만 우선 키가 자신보다 커야 했고, 공부와 운동을 잘하는 친구가 좋았다. 거기다 말도 잘해서 유머감각까지 있다면 자신의 남자 친구가 될 만하다고 생각했다.

일단 마이클은 미셸보다 키가 컸고, 공부를 잘했다. 거기다 축구부라 운동도 잘했다.

잠시 머뭇거리더니 미셸이 마이클에게 말했다.

"우리 집에 가서 오빠한테 허락받으면 같이 놀게."

"허락이라니?"

"우리 오빠가 허락해야 남자 친구를 사귈 수 있어."

"좋아. 내가 따라 가서 네 오빠한테 허락을 받을게."

"근데 우리 집이 조금 먼데."

"걱정 마, 지구 끝까지라도 따라 갈 수 있어."

미셸은 마이클과 함께 전철을 타고 한 시간 정도를 갔다. 마이클은 처음엔 아무렇지 않은 얼굴이었지만 미셸이 버스로 갈아타자 조금 질린 얼굴이 되었다.

"이번엔 버스야?"

"아직 한 시간 반은 더 가야 해."

마이클은 하마터면 머리를 잡고 뒤로 넘어질 뻔했다. 마이클이 궁금한 얼굴로 이내 물었다.

"왜 이렇게 먼 데서 학교를 다녀? 이사 간 거야?"

"아니 학교가 먼데도 내가 자청해서 온 거야."

미셸의 집에서 휘트니 영 학교까지는 걸어서 갈 수 있는 동네 고등학교가 아니었다. 버스나 기차로 두세 시간 걸려 통학해야 했다. 미셸은 입학 전부터 이런 사실을 알았지만 힘든 길을 스스로 선택했다. 휘트니 영 스쿨의 졸업생 대부분은 하버드나 예일 같은 일류 대학에 진학했기에 미셸로서는 더욱 다니고 싶었다.

아파트 앞 공터 농구장까지 왔을 때 마이클은 피곤한 얼굴이었다.

"어디가 집이야? 여긴 농구장이잖아."

이때 키가 2미터에 가까운 건장한 흑인이 민소매 티 차림으로 농구공을 통통 거리며 다가왔다. 바로 크레이그였다. 오빠는 집에서 한 시간 통학거리인 마운트 카멜 사립 남자 고등학교에 다녔다. 경쟁심이 강했던 미셸은 멀어도 오빠가 다니는 학교보다 더 좋은 학교를 선택했다.

"오, 미셸! 오늘 따라 일찍 왔네."

"시험이 끝나서."

"옆에 있는 친구는 남자 친구인가?"

마이클이 웃으면서 다가와 크레이그와 악수를 나눴다.

"안녕하세요. 마이클입니다."

"반가워, 난 크레이그야."

"오늘 미셸과 데이트를 하려고 먼 길을 왔어요."

"좋아, 근데 내 동생의 정식 남자 친구가 되려면 나랑 농구를 해서 이겨야 해."

그제야 마이클은 미셸이 말한 허락이 무슨 뜻인지 알 것 같았다.

"아하."

키가 198센티미터인 크레이그가 농구공을 통통 튀기며 손가락질을 했다.

"어서 덤벼 봐."

마이클은 황당한 얼굴로 미셸을 바라봤다. 미셸은 마이클을 향해 어깨를 으쓱거리면서 못 말리겠다는 표정을 지었다.

　　잠시 고민하던 마이클은 셔츠 소매를 걷어 올리면서 말했다. 축구부였지만 키도 크고 운동실력이 뛰어나 마이클은 농구도 자신 있었다.

　　"그럼 한 번 붙어 볼까요."

　　크레이그가 농구공을 마이클의 가슴을 향해 세게 내던지며 미셸에게 말했다.

　　"미셸 너도 같이 하자."

　　"난 싫어. 끝나면 불러."

　　미셸도 사실 농구 같은 운동을 잘했다. 체육선생님들이 운동에 소질이 있다면서 농구나 배구를 해보라는 제의까지 했었다. 하지만 흑인은 운동만 잘한다는 편견이 싫어 운동을 열심히 하기 싫어했다.

　　아파트를 향해 돌아서는 미셸의 등에서 크레이그의 커다란 소리가 들려왔다.

　　"자, 마이클 나를 뚫고 슛을 쏴 봐."

　　한 시간 후, 크레이그는 아파트로 돌아왔다. 소파에서 미셸은 라디오로 음악을 듣고 있었다.

　　혼자 돌아온 크레이그를 바라보며 미셸이 궁금한 얼굴로 물었다.

　　"마이클은?"

　　"집에 갔어. 물론 농구 시합은 나의 승리였지."

크레이그는 38대 6으로 이겼다고 자랑을 했다. 농구 특기생인 오빠에게 아마추어인 마이클은 상대가 되지 않았다. 그래도 6점이나 뽑았으니 노력은 한 거였다.

"그래도 저녁은 먹고 가라고 그랬어야지."

"그렇지 않아도 너 보고 가라고 했는데 집이 멀다고 그냥 갔어."

크레이그 말에 의하면 마이클은 울기 일보직전의 얼굴로 돌아갔다고 했다. 미셸은 오빠도 마이클도 다 바보들로 보였다.

"근데 오빠는 대학 시험이 얼마 안 남았는데 한가롭게 농구나 하고 참 대단하다."

"난 놀 땐 화끈하게 쭉 놀고, 공부할 땐 자주 쉬지. 하하하."

웃통을 벗은 크레이그는 크게 웃으면서 샤워를 하러 화장실로 갔다. 그런 크레이그를 미셸은 못마땅한 얼굴로 흘겨봤다.

크레이그는 재능을 타고난 천재형이었다. 뭐든 짧은 시간 내에 배웠고 우수한 성적을 올렸다. 반면 미셸은 철저한 노력형이었다.

미셸은 운동이면 운동, 공부면 공부 뭐든 못하는 게 없는 오빠가 또 한 번 얄밉게 생각됐다.

샤워를 마친 크레이그는 티셔츠를 갈아입고 수건으로 머리를 말리면서 텔레비전을 봤다.

'저러고도 대학에 갈 수 있다니 신기할 뿐이야!'

오빠는 학업 성적으로 보나 농구 실력으로 보나 아이비리그 입학은 따 놓은 당상이었다. 진학 상담 선생님은 크레이그가 원하는 대학으로 원서를 아무데나 써주겠다고 했다.

텔레비전을 보는 크레이그에게 미셸이 궁금한 얼굴로 물었다.

"어느 대학에 갈 거야?"

"글쎄, 아직 모르겠어."

의외의 대답이었다. 오빠는 여러 대학에서 전액 장학금을 제의 받았다. 아무 대학이나 고르면 되는데 이해할 수가 없었다.

이때 크레이그는 웃지 않았고 뭔가 고민스런 얼굴이었다.

저녁 식사 시간에도 화제는 오빠의 대학 진학 문제였다. 과연 어느 대학에 갈 것인지 가족들끼리 화제가 되었다.

그때 크레이그가 결심한 듯 말했다.

"저 워싱턴 대학으로 결정했어요."

'뭐야? 아까 전에는 모르겠다고 하더니?'

미셸은 속으로 생각하며 입술을 삐죽 내밀었다.

스테이크를 썰던 아버지가 크레이그를 바라보며 진지하게 물었다.

"어떻게 그런 결정을 했지?"

"워싱턴은 미국의 수도에 있는 명문대잖아요."

크레이그는 무엇보다도 가족들의 학비부담을 덜어주기 위해 워싱턴 주립대학교를 가려고 했다. 워싱턴은 크레이그가 입학하면 4년 전액 장학금을 주겠다고 했다.

마리언은 크레이그를 대학에 보내기위해 홈쇼핑 회사에 비서로 취직했다. 아들의 학비 마련을 위해서였다. 프레이저의 병세도 나빠져서 집안 형편은 더욱 안 좋았다. 이런 속사정을 크레이그는 알고 있었기에 워싱턴 대학을 택했던 것이다.

프레이저가 고개를 가로저었다.

"가장 좋은 교육을 받을 수 있는 곳이 어딘지 다시 생각해 봐라."

"그 말씀은?"

"프린스턴은 어떠니? 거기가면 네가 하고 싶은 농구도 맘껏 하면서 공부도 같이 할 수 있잖아."

사실 크레이그도 속으로는 프린스턴을 가고 싶었다. 전통 있는 명문 사학에다 아이비리그 대학 농구팀으로도 유명했다.

"프린스턴에 가면 장학금을 절반밖에 받지 못해요."

크레이그는 더는 가정형편을 고려한 자신의 결정을 숨길 수 없었다. 아버지가 손에 쥐고 있던 나이프와 포크를 내려놓으며 엄한 얼굴로 말했다.

"학비가 문제가 아니라 어떤 대학 교육을 받느냐가 중요한 거야."

"그래도 제가 가고 싶다고 제 마음대로 갈 순 없잖아요."

"네가 학비 때문에 가고 싶은 대학을 포기한다니 정말 실망이구나."

늘 웃고 따뜻한 인상의 아버지가 처음으로 우울한 빛을 보였다. 크레이그는 아버지의 그런 모습을 처음으로 보자 충격을 받았다. 곧 크레이그는 마음을 바꾸었다.

"아버지, 프린스턴으로 갈게요."

"정말이냐? 내가 원하는 게 아니라 네가 진정 원하는 걸 선택해야 한다."

"네, 솔직히 저도 처음부터 프린스턴을 가고 싶었어요."

그러자 코웃음을 치며 미셸이 끼어들었다.

"핏, 웃겨!"

"왜?"

"원서 쓴다고 다 받아준데? 벌써 합격한 것처럼 떠들지 마."

마리언이 웃으면서 크레이그에게 말했다.

"그리고 보니 미셸 말처럼 두고 봐야겠네. 축하 인사는 그때 하마."

다음날, 크레이그는 프린스턴 대학 입학에 필요한 서류들을 준비해 나갔다.

한 주 뒤, 휘트니 영 고등학교의 기말 시험결과가 발표되었다. 성적표를 손에 쥔 미셸은 자신의 눈을 믿을 수가 없었다.

컴퓨터 워드 시험에서 B학점을 받은 것이다. 시험이 끝나던 날, 마이클이 말한 바로 그 과목이었다. 분명 A학점이 틀림없을 것이라 생각했는데 믿을 수가 없었다.

'마이클이 시험 점수를 짜게 준다고 하더니 정말이네. 그래도 난 참을 수 없어.'

미셸은 수업이 끝나자마자 컴퓨터실로 달려갔다.

"선생님 점수가 이상하게 나와서 찾아왔어요."

"오, 그래? 어디 한 번 보자꾸나."

커다란 뿔테 안경을 낀 전산 선생님은 중년의 백인 여성이었다. 선생님은 미셸이 준 성적표를 유심히 봤다.

"분명 A학점이 나와야 하는데 B학점이 나왔어요."

"아니, 뭐가 잘못 됐다는 거냐?"

선생님은 아무런 문제도 없다는 얼굴이었다. 미셸은 당황하면서도 자기 의견을 밝혔다.

"제 생각엔 점수가 잘못 나온 것 같아요. 전 A학점을 받아야 하는데."

"아니다. 아무 문제없다."

"실례지만 전체 시험 채점표를 보여주세요."

전산 선생님은 작은 기침소리를 냈다. 그리고는 꺼림칙한 얼굴로 채점표를 보여줬다.

채점표를 자세히 보니 미셸의 오타 정확성은 100%였다. 하나도 틀리게 친 글자가 없었다. 속도도 분당 5백 타에 조금 못 미쳤지만 누구보다도 빠른 속도로 1등이었다.

미셸이 프린팅이 된 채점표를 가리키며 전산 선생님에게 말했다.

"제가 1등이잖아요. 제일 빠르게 쳤고 정확성도 100%가 나왔어요."

한참 들여다보던 선생님이 핑계거리라도 찾은 듯 겨우 말했다.

"분당 5백 타를 넘지 못 했잖아?"

"그런 사람은 없잖아요?"

"맞다. 없다."

"그러니 제가 1등인데요."

"5백 타가 넘는 사람이 없으니깐 A학점이 없는 거다."

"말도 안 돼요."

"그리고 난 원래부터 A학점은 주지 않는다."

"뭐라고요?"

"아무리 잘해도 A학점은 없다. 세상에 완벽한 사람은 없듯이 말이야."

전산 선생님의 말에 미셸은 깜짝 놀라며 생각했다.

'세상에 그런 게 어디 있어요?'

알고 보니 선생님은 옛날부터 A학점을 절대 주지 않는 게 철칙이라고 했다. 하지만 미셸은 이런 철칙을 받아들일 수 없었다.

"이런 기준 없는 채점은 문제가 있다고 생각합니다."

"그래서?"

"선생님의 기준이 정확한 지 다른 선생님들한테 물어보겠어요."

"다른 선생님들이라니?"

"교장 선생님하고 다른 학교 컴퓨터 선생님들한테 알아보겠어요."

미셸은 더는 이야기 할 게 없다는 듯 자리에서 벌떡 일어났다. 그러자 전산 선생님은 당황한 기색으로 손짓을 했다.

"아, 미셸 잠깐만 앉아라."

전산 선생님은 다신 한 번 자신의 철칙을 밝혔다. 3년 동안 바뀌지 않는 채점방식이라고 했다. 하지만 미셸은 분당 단어 타자수로 치면 마땅히 자신이 A학점을 받아야 한다는 주장을 굽히지 않았다.

"좋은 성적에도 제대로 된 점수를 받지 못하는 것은 부당하다고 생각합니다."

오늘뿐만 아니라 미셸은 자신이 옳다고 생각하면 항상 주저 없이 의사를 밝히고 물러서지 않았다. 전산 선생님은 계속 따져 묻는 미셸에게 변명처럼 말했다.

"좀 더 생각해 보자."

컴퓨터실을 나온 미셸은 다른 선생님들을 만나 자신의 억울함을 상담했다. 그러자 다른 선생님들도 전산 선생님의 채점 방식에 문제가 있다면서 미셸의 편을 들었다.

미셸의 항의로 논란이 계속 커지자 전산 선생님은 결국 손을 들고 말았다.

전산 선생님은 혀를 내두르며 결국 미셸의 요구를 받아줬다.

"이제부터 1등에게는 A학점을 주는 걸로 내 철칙을 바꾸겠다."

가을이 되자 크레이그의 대학 합격 소식이 들려왔다.

"오빠, 대학 합격 축하해."

크레이그는 자신과 아버지가 원했던 프린스턴 대학에 합격했다. 덕분에 가족들은 모두 프린스턴 대학에 구경을 가게 되었다.

드넓은 프린스턴 캠퍼스를 돌아보며 미셸은 굳은 다짐을 했다.

"좋아, 오빠가 했다면 나도 못 할게 없지. 나도 프린스턴으로 진학하겠어."

미셸은 자신이 시험에 약한 편이란 걸 알고 있었다. 그래서 노력을 하지 않으면 오빠를 따라갈 수 없다는 걸 알고 더 노력했다. 마리언이 공부하라고 따로 잔소리를 할 필요가 없을 정도였다. 그렇게 노력해서 미셸은 4년 내내 우등생 명단에 올랐다.

드디어 미셸도 진학 대학을 결정해야 할 시기가 다가왔다.
새 학기가 시작되고 나서 얼마 후, 대학 진학 상담 교사인 앤 선생님이 미셸을 불렀다.
앤 선생님은 동그란 안경 너머로 책상 위에 놓인 서류와 맞은편에 앉은 미셸을 번갈아 바라봤다.
"제일 먼저 가고 싶은 대학은 어디지?"
자신만만한 얼굴로 미셸은 대답했다.
"아이비리그요."
미셸의 대답을 들은 앤 선생님의 얼굴이 잠시 굳어졌다. 아이비리그는 미국 동북부에 있는 예일, 코넬, 콜롬비아 등 여덟 개의 명문대학을 말했다.
"그 중에서도 어디?"
"프린스턴이요."
"휴~"
절로 한숨을 쉰 앤 선생님이 양손으로 깍지를 낀 채 불안한 얼굴로 미셸을 바라봤다.

"미안하지만 프린스턴 대학은 빼고 다른 대학을 찾아보도록 하자."

"왜요?"

"거기 가려면 네 성적이 부족해."

미셸은 의아한 얼굴로 앤 선생님을 바라봤다. 여태껏 자신이 공부를 못한다는 생각은 한 번도 하지 않았던 미셸로서는 충격적이었다.

"선생님, 저는 제 성적이 부족하다고 생각 안하는데요."

초등학교 6학년 때부터 줄곧 영재반에 들어갔으며 중학교 졸업식 때는 졸업생 대표로 뽑히기도 했다. 미셸은 4년 내내 우등생 명단에 올랐고 전국 우등생 협회 회원이기도 했다.

"그건 네 생각이고 특히 넌 시험 성적이 좋지 않아."

미셸은 뜨끔했다. 오빠와의 묘한 신경전 때문에 1, 2학년 때 몇 번 시험을 망친 적이 있었다. 그때 미셸은 오빠를 따라한다면서 여유를 부리다 시험을 망쳤었다.

"하지만 발표나 과제, 봉사 성적도 좋고 전체 성적으로 따지면 나쁘지는 않잖아요."

"글쎄 안 돼요. 더더구나 프린스턴은 불가능해."

"저희 엄만 늘 안 된다는 생각을 갖지 말라고 하셨어요."

"선생님도 널 생각해서 이렇게 말하는 거야. 욕심 부리다 재수하고 싶니?"

"왜 자꾸 안 된다고 말씀하시는 거예요. 될 수도 있잖아요?"

미셸은 왜 자신을 인정해 주지 않는지 답답하기만 했다.

앤 선생님은 망설이는 얼굴로 잠시 볼펜을 돌리더니 할 수 없다는 듯 말을 했다.

"프린스턴은 흑인 학생이 입학하기엔 힘든 곳이라서 그래."

사실 프린스턴 대학은 상류층 백인 학생들이 주로 진학하는 학교였다. 성적이 좋다고 해서 흑인 학생이 쉽게 입학할 수 있는 곳이 아니었다. 하지만 미셸은 앤 선생님의 말에 즉각 반발했다.

"아니에요. 제 오빠 크레이그도 프린스턴에 합격했어요."

크레이그는 다른 학교에 다니고 있었지만 진학 상담 담당자인 앤 선생님도 알고 있었다. 워낙 인근에서 유명한 체육특기생에다가 수재였기 때문이었다.

"흑인인 저희 오빠가 프린스턴에 들어갔으니 저도 할 수 있어요."

잠시 앤 선생님은 입을 다물고 아무 말도 하지 않았다. 그러더니 불쑥 이렇게 말했다.

"네 오빠는 농구를 잘하고 남자잖니?"

미셸은 속으로 화가 났지만 무슨 말을 해야 할지 몰랐다. 1980년대에 흑인 여성이 프린스턴 대학에 입학한다는 것은 사실 쉬운 일이 아니었다.

미셸은 자신이 모르는 또 다른 세계가 있다는 생각을 처음으로 해 봤다. 하지만 거기에 굴복하고 싶지는 않았다.

"하여튼 저도 오빠를 따라 프린스턴에 다닐 거예요."

"물론 선생님도 그러길 바란다. 하지만 그건 불가능해요."

오빠에게 경쟁심이 있었던 미셸은 선생님의 충고가 귀에 들어오지 않았다.

"재수를 하더라도 프린스턴으로 갈 거예요."

"아직 시간이 많으니 천천히 생각해 보거라. 다 널 위해서 하는 말이야."

학교에서 집으로 돌아온 미셸은 당장 전화기를 집어 들었다. 그리고 프린스턴 대학의 기숙사에 있는 크레이그에게 전화를 했다

-오빠, 프린스턴에 흑인 여학생은 한 명도 없어?

-숫자가 적긴 하지만 몇 명 있지. 그건 왜?"

오빠의 대답에 미셸은 안도의 한숨부터 내쉬었다.

-진학 상담 선생님이 흑인 여학생은 프린스턴에 입학하기 힘들다고 하잖아.

-그건 사실이야. 그러니 너도 프린스턴 꿈은 깨는 게 좋을 걸.

전화기 너머에서 들려오는 웃음소리에 미셸은 화를 벌컥 냈다.

-오빠, 나 지금 심각해. 농담하지 말고 말해 줘.

-알았어. 프린스턴은 면접 점수가 높은데 넌 말을 잘 하니 특별히 불리할 것도 없어.

-근데 왜 흑인 여학생은 없는 거야?

-흑인 여학생을 받지 않은 건 옛날 얘기야. 근데 그런 전통이 있다는 걸 알고는 흑인 여학생들이 겁을 먹고 지원할 생각조차 하지 않

지. 그러니 여학생 숫자가 별로 없지.

–내가 시험 점수가 미달이란 말도 하던데.

–학교 시험 성적도 중요하지만 그것만 보는 건 아니야. 오히려 다른 점수들이 더 중요해. 나처럼 농구를 잘 한다든가 아이큐가 높다든가 그런 거 말이야. 크크.

–자랑 그만 하고 나 좀 도와줘.

–오케이, 이번에 프린스턴에 들어오지 못하면 내년까지 오빠를 달달 볶을 테니 무조건 도와줄게. 입학에 필요한 모든 걸 알려주마.

프린스턴 대학교에 재학 중인 오빠 크레이그를 통해서 미셸은 많은 정보를 알아낼 수 있었다.

어느새 미셸에게 오빠 크레이그는 인생의 조언자이자, 늘 곁을 지켜주는 사람이며 평생의 친구였다.

아버지가 퇴근하자 미셸은 저녁 식사를 하며 조언을 구했다.

"아빠, 저도 프린스턴 대학을 가려고 하는데 괜찮겠지요?"

"물론이지. 난 네가 네 오빠보다 더 자랑스럽구나."

"정말요? 왜요?"

"넌 네 오빠처럼 학비걱정 따윈 하지 않고 하고 싶은 걸 자신 있게 한 번에 선택했잖니."

크레이그보다 더 낫다는 아버지의 말에 미셸은 큰 힘을 받았다. 아무리 진학 선생님이 만류해도 미셸은 자신의 길을 가기로 결정했다.

'꼭 반드시 프린스턴에 들어가고야 말겠어!'

상담 선생님뿐만 아니라 몇몇 다른 선생님들도 미셸을 만류했다. 차라리 흑인 여학생들이 많이 입학하는 다른 학교를 가라고 추천했다. 하지만 계속되는 설득에도 미셸은 뜻을 굽히지 않았다. 처음부터 끝까지 프린스턴이 자신의 목표였다.

상담실에서 만난 앤 선생님은 끝까지 고집을 꺾지 않는 미셸이 답답하기만 했다.

"너 입학 서류가 얼마나 많이 필요한지는 아니?"

"네, 다 준비했어요."

미셸은 가방을 열고 두툼한 서류 봉투를 앤 선생님 앞으로 내밀었다. 앤 선생님은 두 눈이 휘둥그레져서 서류를 살펴보았다.

프린스턴 대학에 합격하기 위해서 필요한 추천서와 자원 봉사 확인증 등 복잡한 입학 원서가 다 준비되어 있었다. 미셸은 크레이그의 도움으로 모든 걸 구할 수 있었다.

서류를 살펴보며 앤 선생님은 고개를 끄덕였다. 미셸이 갖고온 서류는 완벽했다. 미셸은 아이비리그 지원 방법을 상담 교사보다 더 잘 알고 있었다.

한참 고민하며 서류를 살펴 본 앤 선생님이 미셸에게 말했다.

"근데 빠진 게 있구나."

"뭐가요?"

"교사 추천서. 그건 내가 써주마."

추천서를 써주겠다는 건 프린스턴 대학 입학을 허락하겠다는 말이었다.

순간 미셸은 하얀 이를 드러내며 환하게 웃었다. 이전까지 딱딱한 얼굴이었던 앤 선생님도 미셸을 바라보며 포근한 미소로 화답했다.

"앤 선생님께서 직접 추천서를 써 주신다니 영광입니다."

"교장 선생님과 지역 인사 몇 분에게도 추천서를 부탁해볼게. 네가 대학에 떨어지면 날 원망할 거 같으니 최선을 다해 돕겠다."

"선생님을 원망할 일은 없어요. 전 반드시 프린스턴에 입학할 거예요."

"자신감이 보기 좋구나. 이 자리에서 당장 추천장을 써주마."

앤 선생님은 펜으로 추천서를 작성해 나갔다.

사실 앤 선생님의 말처럼 미셸의 점수는 약간 모자랐다. 하지만 결국 미셸은 상담 교사를 설득해 추천장을 받아내는데 성공했다.

앤 선생님은 추천서와 입학서류를 프린스턴 대학에 보냈다.

두 달 후, 그 해 프린스턴 대학에서 미셸의 아파트로 통지서 한 통이 날아왔다.

입학을 허가하는 합격 통지서였다. 결국 미셸은 오빠의 뒤를 이어 프린스턴 대학에 입학한 것이었다.

통지서를 한 손에 집어 든 미셸은 공중으로 뛰어 오르며 힘차게 외쳤다.

"야호! 합격이다. 내가 해냈어!"

프린스턴에서 교육받는 흑인과 흑인 사회

아름다리 나무들과 숲이 울창하게 펼쳐진 프린스턴 대학의 공기는 신선하기만 했다. 넓은 잔디밭과 깨끗한 호수는 보기만 해도 시원했다.

동화책에서 나오는 공주님이 사는 성처럼 멋지고 예쁜 건물도 곳곳에 있었다.

4층 기숙사 창문 밖으로 고개를 내민 신입생 미셸은 푸념을 했다.

"이렇게 캠퍼스가 넓고 아름다운데 여긴 왜 이 모양이야?"

기숙사를 함께 쓰는 캐서린 도널리가 옆으로 다가와 섰다.

"맞아. 이렇게 지저분한 방에서 어떻게 4년을 보내지?"

미셸과 캐서린은 창가에 팔꿈치를 세우고 나란히 섰다. 둘 다 불만이 가득한 얼굴이었다.

4층 꼭대기에 자리 잡은 기숙사 방은 다락방을 개조한 듯 낡고 비좁았다. 책상 두 개와 두 사람이 나눠 쓰는 이층 침대 하나만으로도 방안은 가득 찼다.

"방에 화장실이 없는 게 제일 문제야."

"맞아, 매번 아래층으로 내려가야 해서 너무 불편해."

"그나마 청소를 하니 살만하다."

금발의 캐서린이 검은 피부의 미셸을 바라보며 웃었다.

"방은 마음에 안 들어도 미셸과 함께 생활하게 돼서 기뻐."

"나도 그래."

잠시 주저하던 캐서린이 속내를 털어놓으며 말했다.

"솔직히 난 여태껏 흑인 친구가 한 명도 없었어. 너랑 룸메이트가 돼서 신기하고 놀라워."

남부 뉴올리언스 출신인 캐서린은 어려서부터 흑인과 함께 지내본 적이 없었다. 고등학교 때에도 백인 여학생들만 다니는 사립학교를 다녔다.

"백인 친구랑 같이 자고 생활하는 건 나도 처음이야. 우리 앞으로 잘 지내자."

미셸이 손을 내밀자 캐서린이 맞장구를 쳤다.

"좋아, 오늘 시간도 남는데 같이 놀러갈까?"

미셸은 활달한 캐서린과 말이 잘 통해서 금방 친해질 수 있었다. 옷을 갈아입은 두 친구는 기숙사를 빠져나와 캠퍼스 안을 거닐었다.

미셸과 캐서린이 학교의 상징인 청동호랑이상 옆을 지날 때였다.

잔디밭에 돗자리를 깔고 앉아 있던 백인 남학생 세 명이 보였다.

그때 갑자기 한 명이 캐서린을 향해 휘파람을 불었다.

"헤이! 여기 좀 봐."

얼굴이 예뻤던 캐서린은 어디를 가나 주목을 받았다. 특히 남학생들한테 인기가 좋았다.

캐서린은 고등학교 졸업생 댄스파티에서는 퀸으로 뽑힐 만큼 춤도 잘 췄다. 운동 신경도 좋아 농구팀과 배구팀 주장도 맡았었다.

"아, 누가 내 인기 좀 말려 줘."

캐서린은 찰랑이는 긴 금빛 머릿결을 한 손으로 쓸어내리며 웃음을 지었다. 그런 캐서린을 바라보며 미셸도 함께 웃었다.

그때 휘파람을 불었던 백인 남학생이 다가왔다. 빨간 넥타이에 캐주얼 정장을 걸친 깔끔한 차림이었다.

"너희 신입생인 거 같은데 우리 이팅 클럽에 들어오지 않을래?"

"잠깐!"

캐서린은 다가오는 남학생을 멈춰 세웠다. 그리곤 돌아서서 미셸에게 작은 목소리로 말했다.

"전설의 이팅 클럽 선배들인가 봐."

이팅 클럽이라면 미셸도 들어서 알고 있는 프린스턴 대학의 유명한 사교 클럽이었다.

"전부터 저기 들어가고 싶었는데 미셸 너도 함께 가자."

이팅의 회원들은 대부분 부잣집 자제들이었다. 모임에 참석 할 때에 여학생들은 흰 스타킹을 신고 긴 드레스를 입었다. 반면 남학생들은 정장 차림이었다. 이팅은 자주 댄스파티를 여는 것으로 유명했다.

'난 남학생을 사귀고 놀기 위해 학교에 입학한 게 아니야.'

속으로 생각한 미셸은 고개를 가로저으며 말했다.

"캐서린, 난 클럽에 관심이 없어. 내 생각하지 말고 가서 가입하렴."

"같이 들어가면 좋을 텐데."

캐서린은 미안하다는 말을 남기고는 먼저 돌아섰다. 캐서린은 휘파람을 분 남학생을 따라가서 이팅 클럽에 가입했다.

캐서린과 헤어진 미셸은 혼자 걸으며 생각에 빠졌다.

'난 공부를 하러 대학에 온 거야. 사교 클럽은 시간낭비야.'

프린스턴에 입학한 미셸은 명문 사립학교의 분위기 때문에 크게 놀랐다.

부잣집 자제들은 언제 공부하는지 모를 정도로 노는 것을 좋아했다. 클럽과 파티가 너무 많아서 적응이 되지 않았다.

더군다나 학생들이 BMW같은 최고급 자가용을 타고 다니는 것을 보고는 믿을 수가 없었다. 이전에 그런 고급차는 성공한 어른들만이 타는 차라고 생각했기 때문이었다.

미셸은 앞으로 이런 학교 분위기에 어떻게 적응을 할지 고민됐다.

호수 근처를 거닐던 미셸이 주변을 둘러봤다. 옆에는 산책을 즐기는 많은 동료 대학생들이 있었다. 그런데 생각해보니 대부분 백인들이었다.

대학에 입학한 미셸은 생각보다 흑인 학생들이 적다는 걸 알고는 실망했었다. 특히나 여학생들은 더 적었다.

"앤 선생님 말대로 정말 흑인 여학생들이 없긴 없네."

오랜만에 시간이 난 미셸은 오빠를 만나기 위해 체육관을 찾아갔다. 미셸은 같은 학교에 먼저 입학 한 오빠가 있어 든든했다.

당시 크레이그는 프로팀에서 입단 권유를 받을 정도로 학교에서 유명했다. 프린스턴 농구팀 득점왕에다 아이비리그 올해의 선수로 뽑힐 정도였다.

농구를 하고 있던 크레이그는 미셸을 발견하고는 단숨에 뛰어왔다.

"하이, 미셸! 학교생활은 좀 어때?"

미셸은 오빠와 함께 걸으며 대답했다.

"거지같은 기숙사 방이랑 마음에 들지 않는 불어 수업 빼곤 모든 게 마음에 들어."

"무엇보다 오빠랑 학교를 함께 다니게 돼서 제일 좋지? 하하하."

미셸은 크레이그의 가슴을 손으로 툭 치며 말했다.

"아휴, 원수."

오랜만에 오빠를 만난 미셸은 학교 구내식당에서 함께 식사를 한 후 헤어졌다.

미셸은 오빠가 가까이 있어 좋았지만 한편 친구들을 사귀고 싶었다. 특히 마음을 털어놓고 이야기 할 수 있는 동성 친구가 있었으면 좋겠다고 생각했다.

토요일 새벽의 기숙사는 조용했다. 전날 주말을 보내기 위해 많은 학생들이 수업을 마친 후 집으로 돌아갔기 때문이었다. 하지만 기숙사에서 주말을 보내는 미셸에게는 평일과 다름없는 날이었다.

언제나처럼 새벽 다섯 시에 일어난 미셸은 밖에서 가벼운 운동을 했다.

씻고 기숙사 방으로 돌아온 미셸은 책상에 앉아 아침 공부를 시작했다.

이층 침대 아래층에 누운 캐서린은 여전히 잠을 자고 있었다. 전날 불타는 금요일 밤의 댄스파티를 즐기고 와서 피곤한 모양이었다.

아침 공부를 마친 미셸은 기숙사 방을 나오기 전에 캐서린을 깨웠다.

"캐서린, 아침 안 먹을 거야?"

"이따 엄마가 날 데리러 올 거야. 그때 같이 먹을게."

오늘 집으로 돌아가는 캐서린은 어머니가 차를 갖고 데리러 오기로 한 날이었다. 그렇지 않아도 캐서린은 아침을 늦게 먹는 편이었다. 미셸은 혼자 밥을 먹으러 갔다.

기숙사 식당은 토요일이라 그런지 더욱 한가했다.

밥을 먹는 학생은 미셸과 얼굴만 아는 여학생 한 명 뿐이었다. 그 여학생은 미셸과 같이 늘 일곱 시에 식사를 했다.

미셸이 샐러드와 계란 프라이, 햄이 담긴 식판을 내려놓고 막 식사를 할 때였다.

맞은편 테이블 의자에 여학생이 앉으며 말을 걸었다.

"주말이라 그런지 사람들이 없네. 같이 먹을래?"

"그래, 주중에도 이 시간대엔 늘 우리 둘밖에 없었잖아."

"맨날 이 시간에 봐서 나도 널 기억해."

기숙사 식당에서 아침 식사를 제일 빨리 하는 두 사람은 이렇게 서로를 소개했다.

"반가워. 난 수전이라고 해."

수전이 손을 내밀자 미셸이 가볍게 손을 쥐었다 놨다.

"난 미셸이야. 넌 이번 주에도 집에 안 내려가나 봐?"

"시험이 얼마 남지 않았으니 시험공부해야지."

"그럼 우리 함께 시험공부할까?"

식사를 하며 대화를 나누던 두 여학생은 죽이 척척 맞았다. 둘 다 사교클럽 대신 도서관에서 시간을 보내는 걸 좋아하는 것도 같았다. 미셸과 수전은 함께 시험공부를 하기로 했다.

"좋아, 도서관 자리는 내가 맡아 놓을게."

도서관에 간 수전은 일단 두 사람의 자리를 잡고 밖으로 나왔다. 그동안 미셸은 자판기에서 커피를 뽑으며 기다렸다. 커피를 마시며 미셸과 수전은 두 시간 정도 수다를 떨었다. 처음 친해져서 그런지 시간가는 줄 몰랐다.

다시 도서관에 들어간 미셸은 자신이 뭔가를 놓고 왔음을 알았다.

"앗, 이런 공부할 책을 빼놓고 왔네."

수전의 옆 좌석에 앉아 있던 미셸은 다시 기숙사로 돌아가야 했다. 기숙사 앞에 세워진 벤츠 차량 앞에 선 귀부인 차림의 도널리 부인은 초초했다. 양산을 쓴 채 명품 손목시계를 계속 내려다봤다. 시간이 돼도 약속한 딸이 아래로 내려오지 않자 화가 치밀었다.

도널리 부인은 마침내 양산을 접고 기숙사 4층으로 올라갔다.

"엄마랑 약속해 놓고 늦잠을 자면 어쩌니?"

방에 들어온 도널리 부인은 아직까지도 침대에 누워 있는 캐서린에게 잔소리를 했다. 뒤늦게 침대에서 일어난 캐서린은 가지고 갈 짐을 먼저 찾았다.

"죄송해요. 일찍 깼다가 잠깐 눈 좀 붙인다는 게 깜빡했어요."

"내가 밑에서 얼마나 기다렸는지 알아?"

뉴저지에서 뉴올리언스 집까지 가려면 먼 길이었다. 거기다 주말이라 차까지 밀릴 수 있었다.

아직도 잠옷 차림인 캐서린은 옷을 갈아입기 시작했다.

"서두르고 있으니 잔소리 좀 하지 마세요."

도널리 부인은 슬쩍 2층 침대 위를 바라봤다. 가지런히 개어놓은 이불이 보였다.

"친구는 벌써 예쁘게 이불을 개놓고 나갔잖니?"

"아, 미셸은 종달새 형이라 매일 새벽에 일어나요."

주변을 두리번거리던 도널리 부인의 시선이 책상 위에 놓인 사진에 머물렀다.

"얘가 너랑 한 방을 쓰는 미셸이라는 애냐?"

활짝 웃고 있는 미셸의 증명사진이 사진액자에 담겨 있었다.

"네, 그 아이가 미셸이예요."

그러자 갑자기 도널리 부인이 큰소리를 냈다.

"뭐? 지금 네가 흑인이랑 한 방을 쓰고 있단 말이야?"

도널리 부인의 목소리에는 분노와 짜증이 뒤섞여 있었다.

"나도 처음엔 놀랐는데 지금은 아무렇지도 않아요."

"말도 안 돼. 넌 절대로 흑인과 같은 방을 쓰면 안 된다."

과학 교사였던 캐서린의 어머니는 흑인에 대한 편견을 갖고 있었다. 흑인은 제대로 된 교육을 받지 못해 더럽고 위험하다고 생각했다.

"당장 방을 옮겨달라고 해야겠다."

캐서린은 내심 미셸과 보낸 시간들이 즐거웠다. 그래서 엄마의 이런 행동이 반갑지 않았다.

"그러지 마세요."

"너 원래부터 이 방이 마음에 들지 않았잖아?"

"처음엔 지저분하고 좁아서 그랬던 거고요."

"그럼 조용히 있어. 좋은 방으로 옮겨주마."

"싫어요."

"넌 엄마가 하자는 대로 하면 돼."

교사인 엄마는 한 번 마음을 먹으면 꼭 해내야 하는 성격이었다. 그만큼 고집이 무척 셌다.

캐서린은 한 번도 엄마와 싸워서 이겨본 적이 없었다. 그러니 그저 고개를 숙일 수밖에 없었다.

"알았어요, 대신 미셸이 이 사실을 알지 못하게 비밀로 해주세요."

"엄마가 학교 측에 얘기해서 조용히 처리할 테니 걱정 마."

"근데 꼭 이렇게 하셔야겠어요?"

"흑인이랑 같이 자다 몹쓸 병이라도 옮으면 어쩌려고 그래?"

이때 방 밖에 선 미셸은 안에서 들려오는 소리에 큰 충격을 받았다. 미셸은 이미 모녀의 대화를 모두 듣고 있었다. 흥분한 도널리의 목소리는 문 앞에서 다 들릴 만큼 컸기 때문이었다.

평상시 미셸의 성격대로였다면 당장 도널리 부인에게 항의를 했을 것이다. 하지만 친구 캐서린이 함께 있기에 안으로 쉽게 들어가지 못했다.

'학칙이 있는데 설마 마음대로 방을 바꿔주지는 않을 거야.'

미셸은 이런 명백한 인종차별을 학교 측에서 받아주지 않으리라 생각했다. 그래서 조용히 자리를 비켜주기로 했다. 미셸은 무거운 발길로 다시 도서관으로 향했다.

잠시 후, 도널리 부인은 문을 열고 나와 계단을 내려갔다. 이미 미셸이 사라진 뒤였다.

도널리 부인은 곧장 캠퍼스 사무국을 찾아갔다.

백인 사무국장이 웃는 얼굴로 부인을 맞이했다. 하지만 도널리 부인은 처음부터 화를 감추지 않고 목소리를 높였다.

"내 외동딸은 흑인과 같이 사는 게 익숙하지 않아요. 그러니 방을 바꿔주세요."

부드러운 인상의 사무국장의 얼굴이 점점 굳어졌다. 사무국장은 도널리 부인의 요구를 받아들이지 않았다.

"이미 학기 초에 결정된 겁니다. 지금은 남는 방도 없습니다."

"그럼 사람을 바꿔 주세요. 다른 흑인 여학생을 4층으로 보내고 우리 애는 백인 여학생과 함께 지낼 수 있도록 해주세요."

"부인, 그것도 안 됩니다."

"캐서린은 남부 출신이에요. 가까이서 흑인을 본 적도 없어요."

"미리 말씀해주셨다면 모르겠지만 지금은 곤란합니다."

사무국장은 계속해서 힘들다는 말로 부인을 설득했다. 결국 도널리 부인은 뜻을 이루지 못하고 사무국을 나왔다. 하지만 포기한 것은 아니었다.

"지금 곤란하면 나중에라도 꼭 방을 바꿔주세요."

뉴올리언스로 돌아간 도널리 부인은 재력가인 남편을 시켜 대학에 전화를 걸게 했다. 또한 자신도 일주일에 몇 번씩 잊지 않고 대학 측에 전화를 했다.

-오늘은 우리 딸이 지낼 기숙사 방이 새로 나왔나요?

도널리 부인은 딸을 데리러 학교에 올 때마다 빠지지 않고 학교 사무국에도 들렀다. 그때마다 사무국장은 머리를 감싸 쥐었다.

캐서린의 어머니는 두 달 내내 지치지 않고 방을 옮겨줄 것을 요구했다.

결국 학교 측은 부인의 압박을 이기지 못했다. 마침내 캐서린을 큰 방으로 옮겨주기로 결정했다.

이삿짐을 꾸린 캐서린은 미셸에게 짧게 작별 인사를 했다.

"미셸, 더 좋은 방이 나와서 옮기게 됐어."

"좋겠다. 잘 가."

미셸은 캐서린과는 묵묵히 악수를 하면서 헤어졌다. 하지만 이전의 친근했던 감정은 사라지고 없었다.

미셸로서는 믿기지 않는 일이었다. 몇 달 동안 조용해서 캐서린 엄마의 요구는 흐지부지 취소된 줄 알았다. 그런데 갑자기 방을 옮기게되자 화가 났다. 분명 캐서린 엄마의 요구를 학교 측에서 받아들인 게 틀림없었다.

'어떻게 나한테는 단 한 마디도 없이 이럴 수가 있지?'

분명 이것은 학교 측이 인종차별적인 조치를 눈감아 준거나 마찬가지였다.

이날, 커다란 충격을 받은 미셸은 본격적으로 인종문제에 관심을 갖게 되었다.

우선 인종과 시사문제 토론 모임인 흑인토론회에 가입했다. 그리고 흑인 이외에도 유대인과 소수인종 학생들과도 자주 어울렸다.

흑인 학생들을 위한 대변인을 뽑는 프로그램에도 참여했다. 이 과정에서 미셸은 많은 사실들을 새롭게 알았다.

1981년 미셸이 대학에 들어왔을 때, 프린스턴의 신입생은 모두 1,141명이었다. 그런데 그 중 흑인은 94명에 불과했다. 그 중 여학생의 비율은 반의반도 안 됐다. 교내에서 흑인 여학생을 보기 힘든 이유였다.

"이거 생각했던 것 보다 더 적잖아!"

난생처음 미셸은 자신이 소수자이자 아웃사이더라고 스스로를 생각했다. 그렇다 보니 백인 중심의 캠퍼스에 잘 섞이지 못 했다.

실제로 백인 학생 중심의 대학 사교 클럽에서 유대인과 흑인은 환영받지 못했고 따돌림을 받았다.

학내에 정년이 보장된 흑인 교수는 다섯 명뿐이었다.

"내가 다니는 대학이 이런 인종차별적인 학교가 되어서는 안 돼. 학교를 변화시키기 위해서는 나부터 변하고 주변 사람들에게도 이런 사실을 많이 알려야 해."

미셸은 제3세계 센터에 가입해서 공부방 교사로 일했다. 그곳에서 가르치는 아이들의 부모는 대부분 흑인으로 주로 프린스턴 구내식당에서 일하거나 학교 청소부였다.

미셸은 글을 모르는 동네 흑인 꼬마들에게 글을 가르치면서 큰 보람을 느꼈다.

"댄스파티에 가는 것보다 아이들에게 공부를 가르치는 게 더 의미 있어."

그러던 어느 날, 미셸은 뜻하지 않은 손님을 기숙사 방에서 맞이하게 되었다.

큰 가방에 이삿짐을 끌고 온 수전은 손가락으로 브이 자를 그리며 방 안으로 들어왔다.

"짜잔!"

수전이 깜짝 손님으로 온 것이었다.

"네가 웬일이야?"

미셸은 예고도 없이 찾아 온 수전을 보고 깜짝 놀랐다.

"떠나는 친구가 있으면 돌아오는 친구도 있는 법이야."

"이 방으로 옮긴거야?"

"캐서린이 떠나고 자리가 비었다고 해서 신청했어."

"왜 미리 알려주지 않았어?"

"깜짝 놀려주려고. 설마 말 안 하고 왔다고 내쫓지는 않겠지?"

"당연하지. 고마워 수전."

미셸은 수전을 꼭 끌어안았다.

"혼자 지내기 심심했는데 정말 잘 됐다."

포옹을 풀자 수전이 웃으면서 볼멘소리를 했다.

"근데 방을 합치자마자 헤어져야 되네."

"그러고 보니 여름방학이잖아."

미셸과 수전은 방을 함께 쓰는 룸메이트가 됐지만 곧 여름방학이 왔다. 두 사람은 방학을 보내기 위해 기숙사를 떠나 각자의 집으로 돌아갔다.

여름방학 기간 동안 집에서 만난 마리언은 더욱 건강해 보였다. 살

이 쏙 빠진 날씬한 몸매로 바뀌어져 있었다.

"엄마, 도대체 무슨 일이 있었던 거야?"

마리언은 주먹을 쥔 채 두 팔을 휘두르며 제자리에서 뛰었다.

"다시 달리기 운동을 새로 시작했단다."

"정말 보기 좋아."

미셸이 대학에 입학하자 마리언은 육상을 다시 시작했다. 젊은 시절, 부상을 당해서 그만두었던 운동이었다.

"엄마, 예전에 1등이 아니라면 의미가 없다고 했잖아?"

"물론이지. 그래서 금메달도 이렇게 땄지."

마리언은 일리노이주에서 열린 노인 올림픽, 육상 경기에 참가해서 금메달을 땄다.

"육상은 이기기 위해 달리는 경기란다."

미셸은 금메달을 목에 걸고 자랑하는 엄마를 웃는 얼굴로 바라봤다. 비록 노인 올림픽이었지만 그래도 엄마의 승부욕은 강했다. 그런 엄마가 있기에 오늘날의 자신이 있다는 생각을 했다.

건강해진 엄마와 달리 아빠는 여전히 몸이 좋지 않았다.

프레이저는 전동 휠체어에 의지하지 않으면 거동을 할 수 없었다. 하지만 불편한 몸과 달리 여전히 성실했고 정신은 또렷했다.

미셸은 아빠에게 대학생활을 이야기하면서 새롭게 눈 뜬 인종문제를 언급했다. 그러자 프레이저는 자신의 조상들에 관해 알려주었다. 대화는 주로 저녁 식사를 끝낸 후, 조용히 이루어졌다.

프레이저의 조상은 19세기에 사우스캐롤라이나주의 벼 농장에서 일한 노예였다고 했다. 벼 농장의 습지에는 악어와 독사가 우글거렸다. 여름에는 모기들이 말라리아 같은 전염병을 일으켰다. 아빠가 들려주는 농장에서 일하는 흑인 노예들의 비참한 삶은 이루 말할 수 없을 정도였다.

결국 미셸의 할아버지는 경제공황과 흑인에 대한 인종차별을 피해 시카고로 이주했다.

"그렇게 해서 우리 가족은 시카고에 뿌리를 내리기 시작했단다."

미셸은 어렸을 때부터 책과 부모님들의 이야기를 통해 자신의 조상이 노예출신이란 사실을 알고 있었다. 하지만 아버지가 이날 들려준 이야기는 더욱 충격적이었다.

"사실 우리 집안에는 노예 주인의 피도 섞여 있단다."

집안에 노예주와 노예 사이의 관계가 있었다는 것은 생각도 못 했던 일이었다. 그런 미셸에게 아빠는 이렇게 말했다.

"기억하기 고통스러운 과거는 쉬쉬하는 게 보통이란다. 하지만 고통을 제대로 이겨내기 위해서는 현실을 직시해야 한다."

미셸은 아빠 프레이저의 말에 공감했다.

"맞아요. 과거를 이해해야만 미래로 나아갈 수 있어요."

다시 학교로 돌아온 미셸의 대학생활은 지난 학기와 달라진 것이 없었다. 새롭게 지내게 된 수전과의 기숙사 생활도 만족스러웠다.

여전히 미셸은 도서관을 오가며 공부를 했다. 틈틈이 흑인토론회와 제3세계 센터 일도 게을리 하지 않았다. 그런 미셸을 바라보며 오빠 크레이그는 조금 답답해했다.

"미셸, 너무 공부만 하지 말고 인생을 좀 즐겨라."

"난 공부하는 게 인생을 즐기는 거야."

어느덧 그렇게 잔소리를 하던 크레이그도 대학을 졸업했다.

꽃이 피고 눈이 내리더니 미셸도 어느새 4학년이 되었다.

졸업을 앞둔 미셸의 최고 고민은 졸업논문이었다.

"고향을 떠나서 혼자 학교에 다니는 흑인 친구들을 위한 논문을 쓰고 싶어."

미셸은 프린스턴에 적응하지 못하고 어려움을 겪는 후배 흑인 학생들에게 도움이 되고 싶었다. 철저한 자기 경험에서 나온 것이었다. 흑인 학생들을 위한 학교 측의 돌봄과 상담 지원이 부족하다는 생각을 했다.

마침내 미셸은 자신의 전공인 사회학 논문의 제목부터 정했다.

"좋아, 논문 제목은 바로 〈프린스턴에서 교육받는 흑인과 흑인사회〉로 하겠어."

미셸은 프린스턴 대학에서 흑인 학생으로 학교에 다닌 자신의 경험을 논문으로 쓰기로 했다. 주제는 흑인 졸업생들의 미래에 중심을 두었다.

논문을 쓰기 위해 미셸은 학교 구석구석을 돌아다니면서 백여 명이 넘는 흑인 졸업생들을 일일이 만나 여론 조사를 했다.

논문을 쓰면서 미셸은 졸업이후 사회경제적 지위가 향상되면 흑인은 자신의 지난날의 정체성을 잊는다는 사실을 새롭게 알아냈다.

논문을 완성한 미셸은 가족과 친구들에게 감사함을 전했다.

"엄마, 아빠 크레이그와 친구들에게 이 논문을 바칩니다. 저를 사랑해 주시고 자신감을 갖게 해주셔서 감사합니다."

사회학을 전공한 미셸은 1985년 쿰 라우데 급의 우수한 성적으로 대학을 졸업했다.

졸업 사진 속의 미셸은 가발처럼 풍성한 머리에 진주 목걸이를 걸친 재 웃고 있었다.

"세상에 우정보다 소중한 것은 없다. 우정이 없다면 당신에게는 아무것도 없는 것이다."

졸업 앨범에 남긴 미셸의 글귀는 하나가 더 있었다.

"제 인생에서 제일 중요한 엄마 아빠, 고마워요."

프린스턴을 졸업한 미셸은 고민 끝에 하버드 대학의 로스쿨에 진학했다. 자신의 꿈과 미래를 다음과 같이 구체적으로 생각했다.

'앞으로 변호사가 되어 사회에 도움을 주고 싶어.'

미셸은 로스쿨 생활을 하면서도 흑인 사회를 위한 봉사활동에 틈틈이 참여했다. 어려움을 겪는 가난한 사람들을 위해 무료 변론을 맡기도 했다. 하버드에 더 많은 유색인종과 소수계 학생, 교수가 필요하다는 시위에도 직접 참가했다. 미셸은 이런 활동을 모두 하면서도 우수한 성적으로 로스쿨 과정을 마쳤다.

한여름 밤의 꿈

사무실에 앉은 미셸은 커피를 마시며 밖을 내다봤다. 창밖으로는 하늘을 찌를 듯 서 있는 고층건물들이 즐비했다.

하버드를 졸업한 미셸은 시카고의 대형 법률회사인 이곳 시들리 오스틴에 변호사로 취직했다. 24세 나이에 6만5천 달러를 받는 성공적인 일자리였다. 로스쿨을 다니느라 학자금 대출을 받았지만 높은 월급을 받기 때문에 걱정이 되지는 않았다.

시카고의 빌딩 숲을 내려다보면서 미셸은 자신도 모르게 미소를 지었다.

'사람들이 생각했던 것보다 훨씬 더 잘 해냈어. 이런 내 자신이 자랑스러워.'

똑똑 소리와 함께 비서 제인이 사무실 안으로 들어왔다.

금발의 제인은 손에 쥔 서류를 흔들며 호들갑을 떨었다.

"변호사님 굿 뉴스가 있어요."

"뭔데 제인?"

제인은 손에 쥔 이력서를 미셸에게 보여줬다.

"이번에 들어온 인턴 사원인데 너무 매력적이지 않아요?"

미셸은 이력서를 흘낏 바라봤다. 와이셔츠 정장 차림의 잘 생긴 흑인 남자가 희미하게 웃고 있는 사진이 보였다.

"코가 너무 커서 난 싫은데."

"무슨 말씀이세요? 하버드 출신에 똑똑한데다 잘 생기기까지 했잖아요."

제인은 그가 잘 생긴 흑인이라고 치켜세웠다. 또 자기 소개서도 잘 써서 다른 변호사들 사이에 칭찬이 자자해 이미 유명하다는 말도 했다.

"그래봤자 인턴 사원이지."

전에 미셸은 주변에서 평판이 좋다는 흑인들과 데이트를 했었다. 하지만 특별할 게 없었다. 미셸이 생각하기에 남자들이란 다 거기서 거기였다.

"더군다나 기쁜 소식이 하나 더 있어요."

"또 뭔데? 이번엔 마이클 잭슨이라도 입사했어?"

"그게 아니라 새로 들어온 인턴 사원의 멘토로 미셸 변호사님이 결정됐어요."

멘토란 경험이 없는 사람에게 조언과 도움을 주는 사람을 말한다. 반대로 상담이나 도움을 받는 사람은 멘티라 한다.

미셸이 손을 내밀자 제인이 이력서를 넘겨줬다.

제인은 부러움이 담긴 얼굴로 말했다.

"오늘 점심 때 레스토랑에서 인턴 사원과 약속이 잡혀 있어요. 멘토로서 잘 해보세요."

미셸은 피식 웃고는 이력서를 자세히 봤다.

인턴 사원의 이름은 버락 오바마였다. 학교는 미셸과 같은 하버드 로스쿨 출신이었다. 근데 아직 로스쿨 1학년생이었다. 1학년이 시들리 앤 오스틴에 인턴 사원으로 들어오는 것은 드문 경우였다. 미셸이 짧게 말했다.

"능력은 있는 친구로군."

점심 때, 미셸은 약속된 회사 근처의 레스토랑을 찾았다.

먼저 와서 기다리고 있던 양복 차림의 버락은 담배를 피우고 앉아 있었다. 사진으로 이미 얼굴을 알고 있었던 미셸이 맞은편에 앉으며 먼저 인사를 했다.

"안녕하세요. 이번에 당신의 멘토가 된 미셸 로빈슨 변호사입니다."

버락은 급히 담배를 끄고는 손을 내밀었다.

"버락 오바마라고 합니다. 잘 부탁드립니다."

미셸은 버락에게 여름 인턴 사원으로 일하는 동안 해야할 일들과 주의할 점들을 말해줬다. 버락이 인턴 사원으로 일하는 기간은 3개월 이었다.

"더운 데 옷 벗으세요."

에어컨이 켜져 있었지만 더운 여름날이었다. 미셸은 넥타이 차림에 양복 상의를 벗지 않는 버락이 답답해 보였다.

"아니요. 괜찮습니다."

미셸은 잘 차려 입은 버락이 좋아 보이지 않았다. 왠지 겉멋만 든 것처럼 보였다.

'잘 생긴 흑인 남자가 양복까지 잘 차려 있으면 다들 대단한 것처럼 생각하지만 사실 별거 아니야.'

버락은 미셸을 유심히 살폈다. 큰 키에 잘 차려 입은 블라우스와 수트 차림이 꽤 어울렸다. 깔끔하면서도 우아해 보였다.

미셸은 차근차근 버락에게 회사 일을 설명했다.

"변호사로 근무하는 시간은 여덟시간이에요."

버락은 미셸의 설명을 하나도 놓치지 않고 들었다.

"고객과의 상담은 공짜가 아니에요. 시간당 비용이 생기니 고객에게 미리 알려줘야겠지요."

미셸은 공적인 업무를 말할 때는 프로답게 진지했다. 법률회사에서 일을 할 때 필요한 전문적인 기술을 알기 쉽고 편하게 이야기했다.

듣고 있던 버락은 점점 미셸의 이야기에 빠져들었다.

말을 마친 미셸이 버락을 쳐다보면서 물었다.

"대충 회사 업무는 다 말한 거 같네요. 궁금한 거 없어요?"

"네. 이해하기 쉽게 말씀해주셔서 잘 알겠습니다."

"그럼 이제 근무할 사무실로 가볼까요?"

미셸은 자리에서 일어났다. 이때 따라 일어나는 버락을 흘낏 바라봤다. 미셸보다 7센티미터 정도 더 커보였다. 멈춰 선 미셸이 순간 생각했다.

'키가 제법 커서 나랑 어울리겠는데.'

키가 180센티미터로 컸던 미셸은 남자 친구를 사귄다면 자기보다 키가 커야한다고 평소에 생각했었다.

'이런! 지금 내가 무슨 생각을 하고 있는 거야.'

미셸은 그제야 제 자리에 선 채 자신을 뻔히 쳐다보는 버락을 보고는 제정신을 차렸다.

'키는 큰 데, 코가 못 생겼네.'

미셸은 애써 버락을 무시한 채 회사로 향했다. 버락은 새끼 오리가 어미를 따라가듯 미셸의 뒤를 쫓아갔다.

미셸은 버락에게 사내 부서 곳곳을 안내하고 인사를 시켰다.

모든 일정을 마치자 복도에 서서 미셸이 버락에게 말했다.

"자 오늘은 이걸로 끝이에요. 마지막으로 질문 있나요?"

머뭇거리던 버락이 미셸에게 조심스럽게 말했다.

"근데 평상시 회사에서 이렇게 늘 진지하세요?"

"무슨 말이에요?"

"너무 웃지 않으시고 딱딱해 보이셔서요."

말을 마친 버락이 양 입술 끝을 올리며 갑자기 이를 드러내며 웃었다.

"저처럼 이렇게 웃어보세요."

갑작스런 버락의 행동에 미셸은 자신도 모르게 풋 하고 웃고 말았다.

"저도 유머랑 웃는 거 좋아해요."

미셸이 활짝 웃자 버락이 엄지손가락을 내밀었다.

"지금 딱 좋습니다. 평상시에도 그렇게 웃고 다니세요."

버락은 미셸의 웃는 얼굴에서 매력을 느꼈다.

첫날 딱딱하게 만난 두 사람은 이렇게 웃으면서 헤어졌다.

전세방을 얻어 자취를 시작한 버락은 더럽고 좁은 침대에 누웠다. 밤이 깊었지만 낮에 본 미셸의 미소가 떠올라 잠이 오지 않았다.

다음날부터, 버락은 시들리 앤 오스틴으로 출근했다. 인턴 사원으로 근무하는 사무실은 미셸의 옆방이었다.

미셸은 버락에게 법률회사 안에서 처리해야 할 중요한 일부터 잡일까지 구체적으로 알려줬다.

"복사기 용지가 부족하면 밑에서 꺼내서 쓰세요."

이밖에도 팩스 사용법, 고객 대응법, 부처 내 일처리 등등을 알려줬다. 하지만 버락의 마음은 다른 곳에 가있었다.

"왜 어제처럼 안 웃으세요?"

"회사에선 별로 웃을 일이 없잖아요."

버락은 복도를 걸어가는 미셸을 따라가며 말했다.

"회사 끝나고 저랑 식사 하실래요? 그럼 웃을 일이 생길 겁니다."

버락이 웃으며 물었지만 미셸은 무표정했다.

"지금 데이트 신청하는 거예요?"

"그럴지도 모르지요."

버락이 애매모호하게 대답했다.

팔짱을 낀 미셸이 길게 한숨을 쉬고는 말했다.

"11번가의 패밀리 레스토랑이 값이 싸고 맛도 좋아요."

"그럼 저녁에 거기서 기다리겠습니다."

미셸이 차갑게 웃으며 대답했다.

"멘토로서 주변의 좋은 식당을 추천한 거예요. 거기 가서 혼자 드시라고요."

미셸이 자리를 뜨자 버락이 쫓아갔다.

"데이트가 아니라도 멘토로서 같이 식사를 할 수 있는 거 아닙니까?"

"회사 후배랑 따로 시간을 내는 건 올바르지 않아요."

"전 그저 선배님의 웃는 얼굴을 보고 싶을 뿐이에요."

버락이 호감을 갖고 다가왔지만 미셸은 회사 선배로서 선을 확실히 그었다. 이날 이후, 미셸은 더더욱 버락을 보며 웃지 않았다.

일단 버락은 한 발 물러났다. 하지만 포기한 것은 아니었다.

일주일이 지나자 버락은 미셸의 책상에 쪽지를 남겼다. 시간이 나면 함께 영화를 보자는 것이었다.

그러자 미셸은 버락을 찾아와 구겨진 쪽지를 건넸다.

"후배님, 이런 거 보내지 말고 회사일에 더 신경 쓰세요."

버락은 울적한 얼굴로 미셀에게 물었다.

"도대체 왜 자꾸 회사 선배라는 걸 강조합니까?"

미셀이 회사 상사였지만 사실 버락은 미셀보다 나이가 세살이나 많았다.

"왜냐하면 저의 관심사는 데이트가 아니라 회사일이니 방해하지마세요."

갑자기 버락이 화가 난 얼굴로 목소리를 높였다.

"그럼 알았어요. 제가 회사를 관둘게요."

"버락, 잘 생각하고 말하세요."

"당신이 제 멘토니 이럴 때는 누구와 의논해야 하는지 알려주세요."

미셀이 고개를 저으며 차가운 목소리로 대답했다.

"스스로 혼자 결정하세요. 이미 어른이잖아요."

미셀의 대답에 버락의 얼굴이 어두워졌다.

다음날, 출근한 미셀은 자기 방으로 가기 전에 버락의 자리를 먼저 확인했다. 버락은 자리를 지키고 앉아 있었다. 스쳐 지나가며 미셀은 가볍게 말했다.

"회사 아직 안 그만뒀어요?"

어제와 달리 버락은 밝아진 얼굴로 대답했다.

"간밤에 꿈속에 미셀 선배님께서 나타나 웃는 꿈을 꿨어요. 회사에 좋은 일이 있나 해서 출근해 봤습니다."

미셸은 어이없다는 얼굴로 웃고 말았다.

"버락, 정말 질기군요."

자리에서 일어선 버락이 미셸에게 다가왔다. 버락은 미셸의 두 눈을 그윽한 눈빛으로 바라봤다.

미셸의 둥글고 까만 눈동자는 너무나 매력적이었다. 그녀의 빛나는 눈동자에는 세상에 아무도 모르는 비밀이 있는 듯 했다.

"당신을 알고 싶습니다."

"저보다 회사일을 더 잘 알려고 노력하세요."

미셸은 퉁명스럽게 대답을 하고는 자리를 떠났다.

이후에도 버락은 미셸에 대한 감정을 포기하지 않았다. 시간을 갖고 미셸을 관찰하면서 데이트 할 기회를 노렸다. 하지만 상황은 쉽게 달라지지 않았다.

버락이 인턴 사원으로 일한지도 벌써 한 달이 넘었다. 버락은 점점 초조해지기 시작했다.

하계 인턴 사원은 로스쿨 여름방학 기간 동안만 근무를 했다.

'이제 여길 떠나면 미셸을 다시 볼 일이 없잖아.'

어느 날, 버락은 늦게까지 근무하는 미셸을 몰래 기다렸다.

밤이 늦어 미셸이 회사 정문을 나서자 버락이 옆으로 다가갔다.

"미셸, 오늘은 시간이 어떠세요?"

손목시계를 들여다 본 미셸이 마침내 고개를 끄덕였다.

"좋아요. 하지만 데이트는 아니고 잠깐 얘기나 해요."

미셸이 시간을 내주자 버락은 기뻐했다. 하지만 그것은 잠시였다.

노천카페에서 마주보고 앉은 미셸은 버락을 설득했다.

미셸에게도 버락은 여름 인턴 계약이 끝나면 떠날 사람이었다. 그것은 데이트를 피할 핑계거리였다.

"우리가 사귄다고 해도 당신은 곧 멀리 떨어진 하버드 로스쿨로 돌아 갈 것 아닌가요?"

"맞아요."

"그렇다면 그 후엔 어떻게 만날 생각이지요?"

"비행기를 타고 오지요."

"당신이 부자가 아니란 거 다 알고 있어요."

"그럼, 먼저 데이트라도 받아주세요. 그 다음 사귈지 결정하세요."

"사귀지도 않을 걸 왜 만나요?"

미셸의 차가운 물음에 버락은 잠시 말을 잃었다. 그리고 진지한 얼굴로 물었다.

"제가 그렇게 싫어요? 솔직히 이유를 말해 보세요."

미셸은 진지한 얼굴로 자신을 바라보는 버락을 외면할 수 없었다. 미셸은 솔직하게 말했다.

"우리 회사에 흑인은 당신과 나 둘 뿐이에요."

"그게 문제가 되나요?"

"흑인이 없는 회사에서 그 둘이 사귀면 얼마나 우습겠어요."

미셸은 다른 사람의 눈길을 끌거나 눈총을 살 일들은 피하고 싶었다. 그에 비해 버락은 남의 시선에서 자유로웠다.

"데이트 하는 게 회사 규정을 어기는 거라고 생각하는 사람도 없어요."

"그러면 제가 좋은 사람을 소개시켜 줄게요."

"뭐라고요?"

"금발 미녀인 우리 비서가 당신한테 관심 있던데, 어때요?"

"관심 없어요."

"그럼 다른 멋지고 잘 나가는 변호사 친구를 소개시켜 드리죠."

버락이 실망한 얼굴로 고개를 저었다. 버락은 미셸이 아닌 다른 사람에겐 관심이 없었다.

"미셸, 나에겐 당신뿐이에요."

버락의 대답에 미셸은 은근이 기분이 좋았다. 계속되는 거절에도 포기하지 않는 버락의 적극성도 마음에 들었다. 버락이 자신을 진정으로 좋아한다는 생각이 들었다.

'버락 말대로 일단 데이트를 먼저 해볼까? 마음에 들지 않으면 나중에 헤어지면 되잖아?'

이런 생각이 잠시 들었다. 하지만 어차피 조금만 있으면 버락은 떠날 사람이었다.

다시 마음을 독하게 먹은 미셸이 차갑게 말했다.

"미안하지만, 나에겐 변호사 일만으로도 시간이 모자라요."

며칠 후, 여름 무더위가 한창 기승을 부릴 때였다.

일을 마친 미셸이 사무실 책상에 앉은 채 핸드백을 챙기고 있었다.

갑자기 노크 소리와 함께 버락이 문을 열고 들어왔다. 버락은 책상 위로 봉투를 한 장 내밀었다.

"이게 뭐예요?"

미셸은 혹시나 버락이 사직서를 낸 게 아닌지 걱정했다. 하지만 그건 아니었다.

"초대장이에요."

속으로 안심한 미셸이 봉투를 열고는 안의 초대장을 빼냈다. 모임에 초대한다는 내용이었다.

"무슨 모임이지요?"

미셸은 속으로 잠시 '초대장을 가장한 데이트 신청인가?' 의심했다. 버락은 미셸의 그런 속마음을 알고 있다는 듯 웃으며 대답했다.

"교회 자선모임이에요. 데이트 신청은 아니니까 그냥 구경이나 오세요."

데이트 신청이 아니라는 말에 미셸은 부담감을 덜었다. 그리고 자선모임이라면 미셸도 예전부터 좋아했다.

초대장에 적힌 모임 장소를 본 미셸의 얼굴에 미소가 번졌다.

"아, 시카고 남부에서 하네요."

남부 시카고는 미셸이 유년 시절을 보낸 곳이었다. 모임 때문이 아니라도 꼭 가보고 싶은 곳이었다. 어린 시절 자신이 자란 곳이 어떻게 변했는지 궁금했다.

"네, 시간 되면 가볼게요."

미셸이 고개를 끄덕였다. 버락은 별다른 말을 하지 않고 돌아서 나갔다. 미셸은 초대장을 핸드백 안에 고이 접어 넣었다.

1989년 한여름 밤, 시카고 남부의 거리엔 가로수의 매미가 크게 울었고 더위는 더욱 기승을 부렸다.

미셸은 자신이 유년기를 보낸 동네 근처를 한 바퀴 돌았다. 많은 세월이 지났음에도 동네는 그대로였다. 여전히 가난했고 지저분했지만 정겨운 이웃 사람들끼리 인사를 나누는 것도 여전했다.

바뀌지 않은 동네 모습에 미셸은 기뻐해야 할지, 슬퍼해야 할지 갈피를 못 잡았다.

자선모임 장소인 앨트겔드 가든은 빈민가의 한복판에 위치했다. 손에 초대장을 쥔 미셸은 약속장소인 교회를 찾았다.

교회 지하실에선 사람들의 두런거리는 소리와 함께 재즈 음악이 흘러나왔다.

미셸이 지하실 계단으로 내려가자 노란 불빛 아래 모여 앉은 사람들이 보였다. 대부분 싱글 맘으로 보이는 가난한 흑인 여자들이었다.

아기를 업거나 안고 있는 흑인 여자들 틈 속에서 청바지에 점퍼 차림을 한 버락이 보였다.

평상시 정장을 입고 법률 사무소에서 일하던 버락처럼 보이지 않

앉다. 그래도 여전히 법률 사무소 사람들과 얘기하듯 그곳 사람들과 자연스럽게 농담을 하고 있었다. 허물없이 어울리는 모습이 편안해 보였다.

버락은 인턴기간 동안 지역사회 운동가로 시카고 남부의 빈민가에서 봉사를 했다. 오늘의 모임은 싱글맘인 흑인 여성들을 돕고 그들을 격려하기 위한 자리였다.

동네 구경을 하고 오느라 늦게 온 미셸은 버락에게 인사도 못한 채 뒤에 앉았다.

지하실 실내에 흐르던 재즈 음악이 멈추자 버락이 앞에 섰다.

"우리 주변을 둘러보십시오. 세상은 불공평하고 환경은 열악합니다."

연단 앞에 선 버락은 가난한 흑인들이 대부분인 청중들을 향해 연설을 시작했다.

"이런 세상과 환경에서 어떻게 살아야 할까요?"

특히나 아이를 키우고 어렵게 생활해가는 흑인 싱글 맘들은 귀를 기울여 연설을 들었다.

"시간이 가면 세상은 변화합니다. 환경 또한 바꿀 수 있습니다. 중요한 것은 변화를 이끌어 내겠다는 믿음을 잃어서는 안 됩니다."

무심코 듣고 있던 미셸은 점점 버락의 연설 속으로 빨려 들어가고 있었다.

"있는 그대로의 세상이 마음에 들지 않을 때, 그냥 있는 그대로 놔둬서는 안 됩니다."

비록 운동화 차림이었지만 버락은 어느 때보다 진지했고 열정적이었다. 미셸은 버락의 모습을 홀린 듯 바라봤다.

"우리가 진정 원하는 세상은 꿈같이 멀게만 느껴집니다. 아이들은 울고, 분유 값은 없고 행복한 생활은 불가능해 보입니다."

버락은 열악한 현실 때문에 미래의 꿈을 포기해서는 안 된다고 했다. 있는 그대로의 세상과 자신이 원하는 세상의 차이를 극복하기 위해서는 다같이 노력해야 한다고 말했다.

미셸은 비전을 제시하는 버락의 모습을 보며 그를 새롭게 생각했다.

'날라리 같은 사람이 아니었어. 버락은 아주 진실되고 특별한 남자야.'

버락은 맨 뒤에 앉은 미셸은 쳐다보지도 않은 채 연설을 계속했다.

"적극적으로 행동하고 끊임없이 공부해야 합니다. 필요한 게 있다면 이웃과 정부에게 당당하게 요구해야 합니다."

버락은 구체적으로 어떻게 생활해야 할 것인지에 관해서도 말했다.

"우리 모두 있는 그대로가 아니라 되어야만 하는 세상을 꿈꿉시다."

버락이 연설을 마치자 지하실 안에는 박수 소리로 가득 찼다. 자리에서 일어선 미셸도 박수를 치며 감동했다.

'버락은 진정성과 신념이 있는 남자야. 너무 멋져.'

버락이 꿈꾸는 그렇게 되어야만 하는 세상은 미셸이 꿈꾸는 세상이기도 했다.

미셸은 하버드에서 보낸 3년 동안 학생들이 운영하는 법률 상담소

실에서 봉사를 했었다. 거기에서 미셸은 집세를 못 내는 유학생, 사기꾼 피해자, 변호사를 못 구한 가난한 흑인 여성들을 돕는 일을 했다.

'버락이 나와 같은 고민을 하며 살고 있다는 게 운명인 거 같아.'

모임이 끝나자 미셸과 버락은 나란히 교회를 나섰다. 미셸은 전에 없었던 친밀감을 버락에게서 느꼈다.

"이런 모임은 자주 했나요?"

"고향에 있을 때 지역사회에서 3년 정도 봉사를 했지요."

버락은 하버드 로스쿨에서 1학년을 마친 지금의 고민도 털어놓았다.

"근데 로스쿨에 들어가 돈과 권력만 쫓는 게 아닌지 미래가 걱정입니다."

사실 미셸도 같은 고민을 했었다. 최고의 법률회사에 다니고 있었지만 예전만큼 봉사 활동을 하지 못했고 그러면서 직업에 대한 자기만족도도 떨어졌다.

버락은 은근 미셸이 억지로 나온 게 아닌지 걱정이었다.

"오늘 모임에 오셔서 지루하지 않았나요?"

"전혀요. 연설이 정말 좋았어요."

"그렇다면 다행이네요."

미셸에게는 한여름 밤의 꿈같은 시간이었다.

"연설을 듣다보니 나도 변화가 필요하다는 생각이 들었어요."

"어떤 변화가요?"

발걸음을 뚝 멈춘 미셸이 버락을 빤히 쳐다보며 말했다.

"그동안 제가 너무 혼자 살아왔던 거 같아요."

"그 말뜻은?"

"지금도 나랑 데이트하길 원해요?"

말을 마친 미셸은 갑자기 버락의 한쪽 팔에 팔짱을 끼었다.

버락은 입을 다물지 못하며 기뻐했다.

"물론이죠. 제가 빨리 날짜를 잡아 볼게요."

첫 번째 데이트는 회사 나들이가 끝난 후에 이뤄졌다.

회사의 단체 소풍이 끝난 이후 미셸은 버락에게 함께 돌아가자고 했다. 마침 버락은 차를 놓고 왔었다. 미셸은 버락을 자신의 차로 데려갔다.

"내가 차로 집까지 데려다 줄게요."

미셸은 버락이 살고 있는 아파트 앞에 차를 세웠다. 버락이 차에서 내리며 손짓을 했다.

"차를 얻어 탔으니 제가 아이스크림을 살게요."

버락은 길 건너 아이스크림 가게의 파라솔을 손가락으로 가리켰다.

여전히 무더운 날씨라 아이스크림은 더욱 시원하게만 느껴졌다. 두 사람은 배스킨라빈스의 파라솔 아래 앉아서 아이스크림을 먹었다.

"제가 여기서 10대 때 아르바이트를 한 거 알아요?"

"정말이요?"

"고향의 배스킨라빈스에서 갈색 앞치마에 캡을 쓰고는 우쭐대며 아르바이트를 했지요."

"저는 어릴 때 땅콩버터와 젤리만 먹으면서 지낸 적이 있어요."

"정말요?"

"오빠 얼굴에 아이스크림 칠을 한 적도 있고요."

두 사람은 서로의 어린 시절을 들려주며 한참을 낄낄거리며 웃었다. 아이스크림을 다 먹자 버락은 미셸에게 드라이브를 가자고 했다.

"이번에는 내 차로 모실게요."

미셸은 처음으로 버락의 차에 올랐다. 겉으로 보기엔 멋진 구형 중고차였다.

그런데 조수석에 앉아보니 아래에 구멍이 뚫려 도로바닥이 보였다. 미셸은 깜짝 놀랐지만 버락은 아무렇지도 않은 듯 차를 출발시켰다.

"오호, 세상에! 차 바닥이 뚫렸어요."

"바람이 들어와서 요즘처럼 더울 땐 시원하고 좋아요."

버락은 너무나 당당하게 말했다. 미셸은 걱정스런 목소리로 대답했다.

"위험하니 빨리 차를 고쳐요."

"내 전 재산이 뭔지 알아요?"

"구멍 뚫린 차 말고 또 뭐가 있나요?"

"이래 봬도 청색 양복을 일곱 벌이나 갖고 있어요. 거기다 와이셔츠 네 벌, 넥타이 한 뭉치가 있지요."

버락은 법률회사에서 일할 때도 누렇게 바랜 와이셔츠를 입고 다녔었다.

"교회에서 보니 점퍼랑, 청바지에 운동화도 있던데요."

"그러고 보니 내가 정말 부자죠?"

"한 재산 하시네요."

미셸은 남자의 외모와 재산을 보지 않았다. 오히려 자신이 가진 것이 없다는 걸 당당하게 말하는 버락의 태도가 마음에 들었다.

미셸은 버락이 돈벌이에 관심이 없다는 걸 알고 있었다. 하지만 그에게는 따뜻한 가슴이 있었다. 그것은 돈을 주고도 살 수 없는 소중한 것이었다.

도로를 질주하는 차를 운전하면서 버락이 말했다.

"이제 사귀게 됐으니 당신 가족에게 인사를 드리고 싶어요."

이때 갑자기 생각이 난 듯 미셸이 손뼉을 치며 말했다.

"아, 그러고 보니 우리가 사귀려면 오빠의 허락을 받아야 해요."

"그건 무슨 소리지요?"

"만나보면 알아요."

미셸은 버락에게 한쪽 눈을 찡그리며 윙크를 했다.

재미있고 흥미진진한 인생

"제 남자 친구를 소개합니다."

토요일 날, 아파트에 들어선 미셸은 환한 얼굴로 가족들에게 버락을 소개했다. 하지만 가족들은 떨떠름한 얼굴이었다. 사전에 미셸에게서 아무런 말도 듣지 못했기 때문이었다. 미셸은 가족들을 놀라게 하려고 버락에 관해 이야기를 하지 않은 채 데려왔다.

"안녕하세요, 버락 오바마라고 합니다."

프레이저를 태운 휠체어를 밀며 마리언이 다가왔다.

"반가워요. 편히 놀다 가세요."

휠체어에 앉은 프레이저는 버락과 악수를 나눴다. 프레이저는 손짓으로 버락을 가까이 부른 후 귀에 대고 조언을 했다.

"내 딸이랑 사귀려면 실수를 하지 않게 조심하게나."

버락을 만나기 이전에 미셸은 몇몇 이성과 데이트를 했다. 하지만 늘 깐깐한 성격의 미셸은 남자들을 먼저 차기 일쑤였다. 남자가 아주 작은 실수라도 하면 그럴 줄 알았다면서 그만 만나자고 퇴짜를 놨다.

프레이저는 버락이 같은 흑인이라는 게 마음에 들었다.

"우리 집안은 남부 노예출신이라네. 자네 조상은 어떻게 되나?"

"아버님은 케냐 이민자 출신이고 저희 어머니는 백인이십니다."

버락의 아버지는 아프리카의 케냐인이었고, 어머니는 미국 캔자스주 출신의 백인이었다. 순수한 흑인혈통이 아니라는 말에 프레이저는 고개를 끄덕이며 짧게 말했다.

"그렇군."

이어서 크레이그가 다가와 버락과 악수를 나눴다. 크레이그는 현재 월가의 은행원으로 일하면서 농구 코치를 겸하고 있었다. 좋아하는 농구도 하면서 따로 월급을 받는 생활에 만족했다.

"미셸과 데이트는 몇 번이나 했나?"

"한 번 했습니다."

크레이그는 풋 소리와 함께 웃고 말았다. 버락이 고개를 갸웃거리며 물었다.

"왜 웃으시지요?"

이유는 설명하지 않은 채 크레이그는 버락의 어깨를 손으로 두들겼다.

"앞으로 행운을 비네."

크레이그는 이전에도 미셸이 집에 데리고 온 남자 친구를 본 적이 있었다. 그런데 다들 그게 마지막이었다. 크레이그는 버락을 오히려 동정심 어린 눈으로 봤다.

'길어야 한 달 정도 갈려나? 이 친구가 나중에 상처나 받지 않았으면 좋겠군.'

미셸은 버락을 내버려 둔 채 마리언과 함께 식사를 준비하기 위해 주방으로 갔다. 그동안 프레이저는 책을 읽었고 크레이그는 자기 방으로 들어갔다.

버락은 혼자서 소파에 어색하게 앉아 있었다. 가족들의 환대를 받을 줄 알았는데 그게 아니었다. 버락은 생각지도 않았던 무관심에 혼자서 민망해했다.

식사 시간이 되어서야 버락은 이 무관심의 정체를 알게 되었다.

마리언과 미셸이 칠면조 요리를 식탁에 내놓자 온 가족들이 모였다. 식사를 하면서 버락은 프레이저에게 물었다.

"미셸과 사귀려면 실수를 하지 말라고 하신 말씀은 무슨 뜻이시죠?"
"쟤는 너무 완벽주의자라서 남의 단점을 잘 찾기 때문이라네."
"맞아요. 상대방의 결점을 먼저 보니 어디 결혼이나 할 수 있겠어요?"
마리언이 맞장구를 치자 크레이그까지 나섰다.
"그러게 만나는 남자마다 껌처럼 한 번 씹고 내뱉으니 말이야."
좋은 소리가 한 마디도 나오지 않자 미셸이 변명하듯 말했다.
"나에겐 나름대로의 남자에 대한 엄격한 기준이 있어요."

완벽주의자였던 미셸은 남자 친구를 고르는 기준이 까다로웠다. 미셸에겐 아버지만큼 훌륭한 남자가 없었다. 또한 오빠처럼 능력 있는 남자를 원했다.

"그 기준 때문에 1분 안에 남자를 퇴짜 놓을 수 있지."

"크레이그, 내 남자 친구 앞에서 그런 말은 그만해."

미셸이 뒤늦게 가족들이 자신의 흉을 보는 걸 말렸다.

버락은 왜 가족들이 자신에게 무관심했는지 알 것 같았다. 미셸은 여태까지 남자를 만나도 두어 번 데이트하고는 그걸로 끝냈다. 그래서 만약 버락이 한 가지라도 잘못을 하면 금방 미셸이 버락을 찰 것이라 생각했다.

프레이저가 딸에게 타이르듯 말했다.

"미셸, 네 기준에 맞는 완벽한 남자는 세상에 없어. 그러니 다른 기준을 세우는 게 좋겠다."

아버지의 충고에 미셸은 이렇게 대답했다.

"제 기준은 아빠예요. 아빠처럼 성실하고 훌륭한 분을 만날 거예요."

그러자 가만히 이야기를 듣고 있던 버락도 한 마디 했다.

"미셸, 좋은 기준을 알려줘 고마워."

"버락, 내가 요리 한 칠면조 맛있지? 많이 먹어."

미셸과 버락은 서로 웃음을 나눴다. 이때 크레이그가 갑자기 생각났다는 듯 버락에게 물었다.

"근데 미셸과 사귀려면 나랑 농구 시합을 해야 한다는 얘기 못 들었어?"

"농구 시합이라니요?"

"나랑 시합을 해서 이겨야 정식으로 사귈 수 있다고."

칠면조를 뜯던 포크질을 멈추고 버락이 미셸을 바라봤다. 미셸은 버락을 향해 엄지손가락을 내밀었다.

"버락이라면 오빠를 이길 수 있어."

"그럼, 식사 마치자마자 농구 한 게임 하자고."

크레이그가 웃으며 당장이라도 일어설 듯 말했다. 버락은 침착한 목소리로 대답했다.

"오늘은 준비가 안 되어 있으니 두 달 후쯤에 붙지요."

양복차림에 구두를 신고 온 버락에게는 맞는 농구화도 없었다. 크레이그가 알겠다는 듯 고개를 끄덕였다.

"좋아, 마음대로 하게."

크레이그는 속으로 생각하며 피식 웃었다.

'글쎄 그때까지 자네가 미셸과 사귀고 있을지 모르겠네.'

두 달 후, 농구화를 신은 버락은 월가 은행의 농구 팀을 찾아갔다. 크레이그가 감독으로 있는 농구 팀이었다.

"단둘이 하면 재미가 없으니 내 친구들을 부르겠네."

크레이그가 입가에 손을 넣고 휘파람을 불자 농구복을 입은 흑인들이 우르르 몰려나왔다. 모두 프로 선수출신이었다.

"헤이, 반가워."

버락은 놀란 얼굴로 크레이그를 바라봤다.

"저희 둘이 시합을 하는 게 아니었나요?"

"단둘이 하면 재미없지. 둘이 한 팀이 돼서 내 친구 팀을 박살내자고."

친구들 중 세 명이 크레이그 팀에 들어왔다. 버락까지 합쳐서 모두 다섯 명이 한 팀이 되었다. 시합은 5대5 경기였다.

경기 전 크레이그는 버락에게 협박을 하듯 말했다.

"우리가 지면 내 동생이랑 사귈 생각은 하지 말게."

"자신 있습니다."

버락은 크레이그와 같은 편이 되니 더 힘이 솟았다. 버락은 미셸을 통해서 오빠가 아이비리그 농구 선수 출신이라는 것을 알고 있었다. 어떻게 하면, 이길 수 있을까 걱정이었는데 한 편이 되어 다행이었다.

"키가 큰데 농구는 좀 해 봤나?"

"고등학교 때 농구부였고 길거리 농구도 해봤어요."

키가 187센티미터인 버락은 하와이 푸나우 고등학교 시절 농구 선수로 활동을 했었다. 하지만 프린스턴 대학 시절 역대 최다 득점왕인 크레이그에 비할 바는 아니었다.

호루라기 소리와 함께 경기가 시작되었다.

크레이그는 버락에게 일단 패스를 했다. 버락은 왼손으로 공을 튀겼다.

'버락은 왼손잡이군.'

버락이 공을 잡자 장대처럼 키가 큰 흑인 선수들이 둘러쌌다. 크레이그가 소리쳤다.

"헤이, 내 여동생 남자 친구를 살살 다루게."

왼손잡이인 버락은 농구 선수 출신의 키 큰 친구들에게 밀렸다. 골대 근처까지 가지 못했고 외곽을 돌았지만 겁을 먹거나 기가 죽지는 않았다. 오히려 외곽으로 나가 자신감 있게 슛을 쐈다.

버락이 던진 공이 바스켓 안으로 쏙 들어갔다. 첫 번째 득점을 버락이 올린 것이다.

"골인."

'오, 제법이군. 왜 두 달 후에 만나자고 했는지 이제 알겠군.'

크레이그는 버락이 단기간이지만 슛 연습을 하고 온 것으로 봤다.

버락은 장거리 슛이 성공했어도 환호성을 지르거나 잘난 척을 하지 않았다. 곧장 다음 수비를 준비했다.

'역시 준비성이 철저한 친구야.'

크레이그, 버락의 팀과 반대편인 상대팀은 서로 한 점씩 주고받으며 시합을 이어갔다. 이후 계속해서 한 점 차이의 엎치락뒤치락 경기가 이어졌다.

버락은 자주 선수 출신인 장신의 친구들 사이에 둘러싸였다. 그때마다 가랑이 사이로 크레이그에게 공을 연결했다.

'영리함, 자신감, 집중력, 승부욕 모두 좋아!'

농구 시합을 하는 내내 크레이그는 버락을 높게 평가했다.

경기 막바지 삑 소리와 함께 버락의 반칙이 선언됐다. 누가 봐도 심판의 공정한 판정은 아니었다.

경기가 끝나가는 상황에 상대방에게 쉽게 점수를 줄 수 있는 위험한 상황이 되었다. 하지만 버락은 아무런 문제 제기를 하지 않았다. 버락은 눈속임을 부리지 않고 정직하게 시합에 임했다.

결국 친구들 팀이 자유투로 골을 넣어 경기는 역전됐다.

이후 크레이그는 경기에 이기기 위해 공을 잡은 버락에게 크게 소리를 쳤다.

"자, 이제부터 나한테 무조건 패스를 해."

하지만 버락은 여자 친구의 오빠에게 잘 보이려고 쉽게 패스를 하지 않았다. 또한 슛을 양보하지도 않았다.

고집스럽게 골밑을 파던 버락이 마침내 동점 골을 넣었다.

'저 정도라면 내 동생한테도 기죽지 않고 할 말을 할 수 있겠군.'

원래 크레이그는 친구들과의 시합에서 최선을 다할 생각이 없었다. 일부러 져서 버락을 놀려 주고 퇴짜를 놓을 생각이었다. 그런데 이제 마음이 바뀌었다.

'분명 버락이라면 미셸과 잘 맞을 거야. 둘이 잘 됐으면 좋겠군.'

마지막으로 공을 잡은 크레이그는 중장거리 슛을 쐈다. 시간이 없었기 때문이었다. 믿기지 않을 만큼 먼 거리에서 쏜 골이 골대 안으로 쏙 들어갔다. 때마침 경기 종료를 알리는 호루라기 소리가 들렸다.

"와아, 우리가 이겼어요."

경기 내내 감정을 드러내지 않았던 버락이 크게 기뻐하며 크레이그에게 다가왔다.

크레이그와 버락은 손바닥을 마주치며 하이파이브를 했다.

"이제 미셸과 사귀어도 되지요?"

"당연하지. 자넨 분명 그럴 능력이 되네."

"고맙습니다."

크레이그와 버락은 힘차게 악수를 나누었다.

농구 선수 출신인 크레이그는 농구를 하면 그 사람의 성격을 알 수 있었다. 그래서 이전부터 미셸이 남자 친구가 생기면 농구 시합을 하려고 했던 것이다.

같이 농구를 해보면 그 사람의 성격이 이기적인지 협력적인지 알 수 있었다. 용감한지 아니면 겁쟁이인지 비겁한지도 구별할 수 있었다. 화를 잘 내는지 승패에 집착하는지도 보였다. 또한 상대를 존중하는지 무시하는지도 드러났다.

모든 면에서 버락은 합격점이었다.

크레이그는 갑자기 버락에게 앞으로의 진로를 물었다.

"하버드 로스쿨을 졸업한 다음은 뭘 할 생각인가? 농구는 어때?"

"농구는 전공이 아닙니다. 오늘 운이 좋았을 뿐이에요."

웃으며 손사래를 치던 버락이 잠시 진지한 얼굴로 대답했다.

"언젠가는 공직에 나가 상원의원이나 대통령이 될 생각입니다."

물병을 기울여 물을 마시던 크레이그가 갑자기 놀라며 마시던 물을 흘리고 말았다. 입가를 닦으며 크레이그가 말했다.

"혹시 우리 부모님이나 미셸에게도 그런 말을 했나?"

"아직요."

"그럼, 절대로 그런 말을 하지 말게."

크레이그는 버락의 진로에 관한 말을 농담으로 받아들였다. 대통령이라니, 말도 안 되는 소리였다.

이때 농구장 안으로 미셸이 뒤늦게 들어왔다. 양손에는 음료수와 과자가 잔뜩 들린 비닐봉지가 들려있었다. 미셸을 본 버락은 손을 흔들고는 크레이그에게 말했다.

"저는 좀 씻고 올게요. 땀 냄새가 나면 미셸이 싫어하거든요."

버락이 자리를 피한 사이에 미셸이 가까이 다가왔다.

"시합은 어떻게 됐어?"

"합격! 나랑 버락이 같은 편을 먹었고 우리가 한 점 차로 이겼어."

"웬일이야? 같은 편을 해주고."

"네가 워낙 버락을 좋아하는 것 같아서 말이야."

"정말? 버락은 어땠어?"

버락의 농구 실력은 분명 프로수준은 아니었다. 하지만 농구 선수로서의 마음가짐은 1부 리그 수준이었다. 이기적이지 않았고 협력적인 팀 플레이어였다. 심판이 없었어도 규정을 잘 지킬 선수였다. 적극적이고 자신감이 넘쳤다.

"버락은 특 에이급이야."

크레이그가 엄지손가락을 내밀었다. 미셸도 박수를 치며 함께 기뻐했다.

크레이그는 미셸의 귀에 대고 진심어린 조언을 했다.

"버락은 성격이 좋고 능력 있는 사람이니 절대로 놓쳐서는 안 된다."

농구 지도자인 크레이그의 말에 미셸은 더욱 흐뭇했다.

'오빠가 믿는다면 나도 백 퍼센트 믿지.'

잠시 후, 버락이 샤워 후 깨끗한 옷으로 갈아입고 다가왔다. 미셸은 사랑스런 눈길로 버락을 바라봤다.

'난 역시 남자 보는 눈이 좋아.'

긴 여름이 가자 미셸의 한여름 밤의 꿈도 저물어갔다.

가을이 오자 버락의 인턴 사원 근무 기한이 끝났다. 달콤한 시간은 너무나 짧았고 아쉽기만 했다.

미셸은 사무실에서 마지막 인사를 하러온 버락을 맞이했다.

"그동안 수고했어요, 버락."

"훌륭한 여성을 멘토로 모셔 영광이었습니다. 고마웠어요."

"가서 공부 열심히 하세요."

두 사람은 가볍게 포옹을 나눈 후 떨어졌다. 버락은 다시 하버드 로스쿨의 2학년생으로 돌아가야 했다.

"당신이 보고 싶을 때면 시카고로 비행기를 타고 올게요."

"그 돈으로 구멍난 자동차 바닥이나 수리하세요."

"그럼 매일 전화 하겠소."

미셸은 시들리 오스틴에 남게 됐지만 크게 슬퍼하지는 않았다.

"걱정 말아요. 서로 사랑한다면 멀리 떨어져도 문제없어요."

가을과 함께 두 사람의 장거리 연애가 시작되었다.

처음에는 주말마다 하버드의 버락이 시카고의 미셸을 찾아왔다. 하지만 공부를 하느라 장거리 연애는 쉽지가 않았다. 시험기간에는 주로 전화로 미셸의 안부를 물었다.

그러던 어느 날 일이었다. 다급한 목소리로 미셸이 버락에게 전화했다.

-버락, 지금 빨리 시카고로 와죠.

-내가 많이 보고 싶은 모양이군. 조금만 참으면 방학이잖아.

-아버지가 돌아가셨어.

-뭐라고? 당장 갈게.

깜짝 놀란 버락은 당장 시카고로 가는 비행기에 몸을 실었다.

아버지의 장례식은 교회에서 열렸다.

늦지 않게 도착한 버락은 미셸을 위로하며 손을 꼭 잡았다.

"어쩌다 갑자기 이런 일이 생긴 거야?"

"신장 수술을 받으시다 돌아가셨어."

아버지 프레이저는 신장 수술 후 뜻하지 않게 사망했다. 이때는 미셀과 버락이 사귄 지 6개월 무렵이었다.

목사의 추도사가 이어졌다.

"주여, 고인 프레이저의 시신을 땅에 평안히 묻습니다. 그리스도의 은혜를 힘입어 평안한 길로 안내하소서."

미셸은 아버지가 생전에 자신에게 해줬던 말을 기억했다.

'네 기준에 맞는 완벽한 남자는 없으니 다른 기준을 찾아라. 그리고 널 행복하게 해 줄 사람을 꼭 만나거라.'

관 위로 흙이 떨어지는 걸 보고 미셸은 눈물을 흘렸다.

'저는 꼭 아버지 같은 사람과 만나 결혼 하겠어요.'

눈물어린 얼굴로 미셸은 버락을 바라봤다. 버락은 미셸을 꼭 끌어안았다.

프레이저의 관이 묻히는 걸 보면서 버락은 굳게 약속 했다.

'당신의 딸은 제가 꼭 지키겠습니다.'

얼마 후, 미셸은 또 한 번 장례식장을 찾아야 했다. 아버지가 돌아가신 지 얼마 되지 않았을 때였다.

"왜 자꾸 슬픈 일만 생기는 거지."

이번에는 대학 시절 친한 친구였던 수전 애릴리가 갑자기 죽었다는 소식이 전해졌다. 수전은 25세라는 젊은 나이에 암으로 죽고 말았다.

'프린스턴에서 함께 기숙사 방을 쓰던 시절이 엊그제 같은데 정말

믿을 수 없어.'

목사의 추도사를 들으며 미셸은 수전을 추억했다.

"성부 성자 성령의 이름으로 고인을 애도합니다."

수전은 남의 눈치를 안 보고 자신의 열정에 따라 살았다. 자신이 행복할 수 있고 성취할 수 있는 일들을 스스로 찾아 나섰다. 그랬던 수전이 죽다니 미셸은 믿을 수가 없었다.

'세상에 영원한 것은 없구나!'

미셸은 자신의 주변에 죽음이 가까이 있다는 생각을 처음으로 해봤다.

미셸은 젊은 나이에 사랑하는 아버지와 가장 친한 친구를 떠나보내야 했다. 혼자 감당하기에는 어려운 슬픔이었다. 이번에도 버락은 그런 미셸을 옆에서 위로했다.

"미셸, 친한 친구가 죽었다니 충격이 크겠어."

"버락, 와줘서 고마워."

미셸은 살면서 처음 겪어 보는 두 번의 가장 힘든 순간이었다. 그때마다 자신의 옆에서 슬픔을 함께해 준 버락이 더욱 믿음직스러웠다.

버락 또한 무슨 일이 있어도 미셸을 지켜줘야겠다는 생각이 더욱 강해졌다.

'아무리 멀리 떨어져 지내도, 어떤 시간이 지나도 변치 않고 지켜주겠어.'

수전의 장례식은 끝났지만 미셸에게 그 충격은 아직도 남아 있었다. 미셸은 그 누구도 죽음을 피할 수 없다는 걸 알았다.

그날 이후, 미셸은 매일 아침 눈을 뜨면서 이런 생각을 했다.

'과연 난 진정 좋아하는 일을 하며 살고 있는 걸까?'

미셸은 자신이 정말 사랑하는 것이 무엇인지 끊임없이 되물었다.

'만약 넉 달 뒤에 죽는다면 무엇을 할까?'

그러자 월급을 많이 받지만 시들리 법률회사에서의 일에 회의감이 들었다. 좀 더 보람찬 일을 하고 싶었다.

1991년, 미셸은 몇 년간에 걸친 오랜 고민 끝에 변호사 일을 그만두기로 했다. 대신 데일리 시장의 사무실에 출근해 공공분야의 사회봉사 일을 하기로 했다. 월급은 적었지만 마음은 이전보다 훨씬 편했다. 돌아가신 미셸의 아버지도 초대 데일리 시장을 위해 민주당 지역구 지구당 담당자로 자원봉사를 한 적이 있었다.

같은 해, 버락은 로스쿨을 졸업하고 시카고로 돌아왔다. 하지만 시들리 같은 큰 회사에는 취직하지 않았다. 대신 작은 공익회사로 진로를 정했다. 버락은 시들리를 그만 둔 미셸의 의견을 존중했다.

"미셸, 잘 선택했어. 하고 싶은 일을 하며 살아야 마음이 편하지."

"대신 월급이 줄어 걱정이야."

"이제 시카고에서 같이 살면서 함께 벌게 됐으니 걱정 마."

이때는 미셸과 버락이 3년째 만나는 해였다. 마음속으로 결혼까지 생각했던 미셸은 버락의 속마음이 궁금했다.

"이제 자주 볼 텐데 우리 미래도 생각해야지."

"무슨 미래?"

"언제까지 데이트만 하면서 지낼 순 없잖아."

"난 지금이 더 좋은데."

"뭐야? 결혼은 안 하고 연애만 하겠다는 거야?"

"그게 뭐가 어때서?"

여태껏 버락에게서 단점을 찾지 못했던 미셸은 처음으로 실망을 했다.

"솔직히 말해봐. 왜 결혼을 싫어하는 거야?"

"결혼은 무의미한 제도야. 중요한 것은 솔직한 서로의 감정이지."

"그 감정 때문에 결혼하는 거야."

"난 아닌데."

"난 연애만 하며 평생 살 수는 없어. 그건 너무 무책임해."

미셸의 어린 시절 꿈은 부모님처럼 가족을 이뤄 행복하게 사는 것이었다. 결혼에 관심이 없어하는 버락에 실망하자 여태껏 없었던 불만이 생겼다.

"결혼하지 않을 거면 날 만나지 마."

그러던 어느 날, 변호사 시험에 합격한 버락이 저녁 식사에 미셸을 초대했다. 시카고의 고층빌딩 위에 있는 고급 레스토랑이었다.

촛불이 켜진 로맨틱한 분위기 속에 두 사람은 마주보고 앉았다. 창밖으로는 시카고의 야경이 내려다 보였다.

"버락, 변호사 시험에 합격한 걸 축하해."

"초대에 응해줘서 고마워. 미셸"

화기애애한 가운데 두 사람은 정식 식사를 먹었다.

미셸이 식사가 끝날 무렵 물었다.

"이제 로스쿨을 마쳤으니 앞으로 어떻게 할 거야?"

내내 웃는 얼굴이었던 버락의 얼굴이 갑자기 굳어졌다.

"또 결혼 이야기라면 오늘은 듣고 싶지 않은데."

"그럼 무슨 이야기를 듣고 싶은데?"

"법적으로 결혼 했냐, 안 했냐는 그다지 중요하지 않아."

"쳇, 법은 당신만 공부한 줄 알아?"

시험 합격 축하 자리는 어느새 말싸움 장으로 바뀌고 있었다. 화가 난 미셸은 더 이상 참을 수 없었다. 당장 자리를 박차고 일어나고 싶었다.

조용히 자리에서 일어서는 미셸을 향해 버락이 앉으라는 손짓을 했다.

이때 버락이 낮은 목소리로 자신의 과거를 밝혔다.

"사실 내가 결혼을 싫어하는 건 우리 아버지 때문이야."

버락은 2세 때 케냐인 아버지로부터 사실상 버림받은 사연을 미셸에게 들려줬다. 버락은 그 누구보다도 아버지 없이 자라는 게 얼마나 고통스러운지 알고 있었다. 그런 기억 때문에 버락은 아버지가 될 자신이 없었다. 결혼이 두려웠다. 결혼을 해서 자신도 아버지처럼 될까봐 싫었다.

자리에 앉은 미셸은 버락의 이야기를 조용히 들었다. 하지만 아버지와 자신을 동일시하는 버락을 이해할 수 없었다.

"그렇다면 결혼해서 더욱 좋은 아빠가 되면 되잖아."

"나는 결코 결혼하지 않을 거야."

미셸은 버락의 이야기에 동정심을 느꼈다. 하지만 그렇다고 연애만 하고 살 수는 없었다. 자신은 결혼을 해서 가족을 꾸리는 게 꿈이었다.

"그럼 나도 중대 결심을 하는 수밖에 없어."

처음으로 미셸은 버락과 헤어질 생각을 진지하게 했다.

이때 꽁지머리를 하고 양복을 잘 차려입은 웨이터가 다가왔다. 손에는 둥그런 뚜껑이 닫힌 접시를 들고 있었다.

"주문한 디저트가 나왔습니다."

웨이터는 접시를 미셸의 앞에 내려놓았다. 디저트 치고는 너무 큰 접시와 뚜껑이었다.

"이게 뭐죠?"

미셸이 물었지만 웨이터는 말없이 웃기만 했다. 버락을 쳐다보자 어깨를 으쓱거리면 난들 알겠냐는 얼굴로 말했다.

"궁금하면 열어 봐."

미셸이 접시 위에 덮인 스테인리스 뚜껑을 열었다. 접시 위에는 작

은 보석함이 놓여 있었다.

보석함을 열자 번쩍이며 빛나는 다이아몬드 반지가 나왔다.

"약혼반지야. 이 정도면 더는 잔소리는 하지 않겠지?"

버락은 싱긋 웃으며 말했다. 미셸은 감격 어린 얼굴로 반지와 버락을 번갈아 바라봤다.

"조금 전까지 결혼을 안 하겠다고 했으면서, 이렇게 놀래 주기야?"

버락이 웃으면서 자신의 말을 끝까지 들어보라며 말했다.

"나는 결혼을 하지 않을 거야. 당신 이외에 다른 여자와는."

다가온 버락이 한쪽 무릎을 꿇고 미셸의 손에 반지를 끼워주었다.

"오직 당신만을 사랑해. 나와 결혼해 줘."

"나도 사랑해요, 버락."

반지를 끼워준 버락이 미셸과 손가락을 걸었다.

"당신을 부자로 만들어 주겠다고 약속하지는 않겠어."

"그럼 뭘 약속할 건가요?"

"대신 늘 재미있고 흥미진진한 인생을 살게 해 주겠소."

"제가 원하는 바에요."

미셸은 버락의 입술에 가볍게 입맞춤을 했다.

1992년 10월 3일, 트리니티 그리스도 연합 교회에서 버락과 미셸의 결혼을 알리는 종소리가 울렸다.

최초의 흑인 퍼스트레이디

새벽이 되자 시카고 교외의 아파트 창문에 불빛이 켜졌다. 아파트 옆 철로로 첫 기차가 지나가고 있을 때였다.

침실에서 나와 서재 쪽으로 걸어가던 미셸은 깜짝 놀랐다. 서재 앞에는 아무렇게나 벗어 놓은 똘똘 말린 양말이 뒹굴고 있었다. 버락의 짓이 틀림없었다.

한숨을 쉰 미셸은 양말을 주워서 세탁기에 넣고 돌아왔다.

아침 준비를 하러 주방으로 간 미셸은 또 한 번 놀랐다.

"오, 맙소사!"

식탁 위에는 먹다 남은 빵이 봉지채로 놓여 있었다. 그 옆에는 뚜껑이 열린 버터 통이 있었다. 바닥에는 빵 부스러기가 떨어져 있었다.

버락이 밤늦게 빵을 먹고는 치우는 것을 또 잊어버린 모양이었다.

벌써 이런 일이 몇 번째인지 몰랐다. 신혼 초 미셸은 이해하지 못

할 남편의 이런 나쁜 버릇들을 고치려했지만 쉽지가 않았다.

서재 문을 열고 미셸은 잔소리를 했다.

"버락, 정말 아이들처럼 이럴 거예요?"

하지만 밤늦게 소파에 누워 잠이 든 버락은 코를 드르렁 골면서 잘 뿐이었다. 미셸은 어이가 없다는 얼굴로 그만 웃고 말았다.

미셸과 버락은 잠자는 시간도 달랐다. 미셸은 어렸을 때부터 종달새처럼 일찍 자고 일찍 일어났다. 무슨 일이 있어도 밤 열시면 침대로 자러갔다.

반면 버락은 올빼미처럼 밤늦게까지 자지 않고 일을 하는 늦잠 꾸러기였다. 더구나 요새는 자서전을 쓰느라 새벽에야 잠이 드는 경우가 많았다.

서재 소파에서 잠든 버락을 미셸은 안타까운 얼굴로 바라봤다. 책상 위에는 쓰다만 원고들이 놓여 있었다.

자서전의 내용은 아프리카 출신 아버지와 백인인 어머니 사이에서 태어나 성장한 자신의 인생 이야기였다.

거실로 돌아온 미셸은 베란다 창문을 열고는 신선한 공기를 맡았다. 그리고 의자에 앉아 밖을 바라보며 커피를 마셨다.

커피 향을 맡으며 미셸은 지난 일들을 잠시 떠올렸다.

결혼 전에 미셸이 법률회사 일을 그만두겠다고 했을 때 많은 사람들이 미친 것이 아니냐며 말렸다. 미셸은 높은 월급을 포기하고 대신 시카고 시청에서 시민이나 기업을 돕는 봉사활동을 선택했다.

월급은 전보다 적었지만 미셸은 현재 생활에 만족했고 행복했다. 다만 버락의 나쁜 버릇만 고칠 수 있다면 더욱 좋겠다는 생각을 했다.

커피를 마신 미셸은 아침을 준비했다.

식탁을 차리고 한참 후에야 버락은 일어났다.

"난 샤워를 하러가니 먼저 아침 식사를 해."

욕실로 가면서 버락은 먼저 밥을 먹으라고 했지만 미셸은 기다렸다. 가족을 중시했던 미셸은 항상 같이 식사를 하길 원했다. 반면 외아들로 자란 버락은 혼자 지내는 시간에 익숙했다.

씻고 나온 버락이 식탁에 앉자마자 미셸은 잔소리를 했다.

"자기 전에 양말이랑 먹던 빵 봉지는 치워야지."

"미안, 내가 깜빡했네."

"이래서야 나중에 믿음직한 부모가 될 수 있겠어?"

"다음부턴 잊지 않고 치울게."

버락이 식사를 시작하자 미셸은 더는 잔소리를 하지 않았다.

식사를 마친 버락에게 미셸은 커피를 가져다주었다.

커피를 마시며 버락이 말했다.

"선거 때문에 이번 달은 일리노이주에서 지내야겠어."

일리노이주 상원의원에 출마한 버락은 스프링필드에서 선거를 준비해야 했다. 미셸은 정치를 꿈꾸는 버락을 좋아하지 않았다.

"결혼한 지 얼마 안 됐는데 꼭 선거에 나가야 해?"

"나 혼자 잘 사려고 정치를 하는 게 아니잖아."

버락이 이상주의자였다면 미셸은 철저한 현실주의자였다. 보이지 않는 미래에 모험을 걸고 싶진 않았다.

"알아. 하지만 불가능한 일에 매달리는 건 시간낭비야."

"불가능할지라도 난 하고 싶은 건 꼭 해야 돼."

버락은 선거전부터 변호사 일을 하며 책도 쓰고 시카고 대학에서 헌법학 강의도 했다. 정치인, 변호사, 법학 강사의 일을 동시에 해냈다.

"당신의 가장 큰 단점은 그 슈퍼맨 콤플렉스야."

버락은 하고 싶은 일은 다 완벽히 해야하는 슈퍼맨 콤플렉스를 갖고 있었다.

식탁 앞에서 일어선 버락이 한 손을 쭉 뻗는 슈퍼맨 포즈로 미셸에게 다가가며 말했다.

"어때 슈퍼맨을 남편으로 둔 느낌이?"

"당신은 정말 싫어할 수 없는 남자야."

"고마워. 당신은 나를 지켜주는 내 인생의 버팀목이야."

"정치를 하고 싶다면 대신 한 가지 조건이 있어."

"그게 뭔데?"

"정치를 한다는 이유로 가족들의 시간을 뺏지 않겠다고 약속해 줘."

"약속할게."

"앞으로 아기들이 태어나면 바쁘다는 이유로 가정을 소홀히 해서도 안 돼."

버락은 미셸에게 손가락을 걸고 약속했다.

"앞으로 좋은 아빠가 될게."

가정적이었던 미셸은 어려서부터 아이를 무척 좋아했다. 그래서 결혼 후에는 빨리 엄마가 되고 싶었다. 하지만 이후 6년이나 기다려야만 했다.

오랜 기다림 끝에 1998년 7월 4일, 첫째 딸 말리아 앤이 태어났다. 그날은 미국의 독립기념일이었다.

"독립기념일 날 태어나다니 정말 애국심이 강한 아이네요."

2001년 6월엔 둘째 딸 샤샤가 태어났다. 얼마 후 샤샤는 머릿속에 염증이 나는 척수수막염에 걸렸다. 이로 인해 미셸은 말할 수 없는 고통을 겪었다. 하지만 시간이 지나면서 위기는 잘 지나갔다.

아이들이 조금씩 커가자 미셸은 적극적으로 일자리를 알아봤다. 갚아야 할 로스쿨 학자금이 조금 남아있었기 때문이었다. 또 자신만의 일을 하고 싶다는 생각도 있었다.

시카고 병원에 취직한 미셸은 아이들을 유모에게 맡겼다. 하지만 일을 마치고 와서는 아이들은 미셸이 돌봤다. 그러나 일과 육아를 동시에 해내면서 몸과 마음이 서서히 지쳐가기 시작했다.

2004년 버락은 연방 상원의원에 출마했다. 그러면서 버락은 점점 가정에 소홀했다. 결혼 당시 버락은 무조건 저녁 식사는 가족과 함께 하겠다고 약속했다. 두 딸이 태어나기도 전의 약속이었다.

그런데 버락이 정치를 하게 되면서 미셸이 혼자 밥을 먹게 되는 날이 많아졌다. 버락이 딸들과 함께 지내는 시간도 줄어들었다. 그러자 미셸의 불만도 점점 커져 갔다.

　어느 날 아침, 아파트 현관에서 버락이 구두를 신고 나가려 할 때였다. 버락은 미셸의 입술에 가볍게 뽀뽀를 하려고 했다. 매일 아침 집을 나갈 때 하는 출근 인사였다. 하지만 미셸은 고개를 돌려 외면했다.

　무안해진 버락이 다시 미셸의 뺨에 뽀뽀를 하려고 했다. 하지만 이번엔 뒤로 물러나며 피했다.

　"당신 왜 그래?"

　"몰라서 물어요? 당신이 계속 정치를 하겠다면 조건이 있어요."

　그제야 버락은 요즘 정치 유세 때문에 자신이 집안일에 전혀 신경을 쓰지 못한 일을 떠올렸다. 한 눈에 봐도 미셸이 화가 난 것으로 보였다. 버락은 구두를 벗고 출근을 미뤘다.

　거실로 돌아간 버락은 소파에 마주 보고 앉은 미셸에게 물었다.

　"내가 뭘 어떻게 했으면 좋겠소?"

　"선거기간이라도 딸들에게 아빠의 역할을 다 하세요."

　"노력할게요. 구체적으로 어떻게 했으면 좋겠소?"

　"늦게 들어와도 좋아요. 대신 밤 열 시 이후에라도 아이를 돌봐줘요."

　"좋소, 집에 오면 반드시 아이들과 함께 지내겠소."

　"그리고 중요한 날에는 정치 일정이나 약속을 잡지마세요."

　미셸은 생일이나 밸런타인데이, 크리스마스 등 의미 있는 날에는

버락이 가족과 함께 하길 원했다. 버락은 고개를 끄덕이며 이를 받아들였다.

그날부터 퇴근해서 돌아온 버락은 밤늦도록 아이들을 돌봤다. 미셸이 자는 시간 동안 딸의 기저귀를 갈아주거나 우유를 데워 먹였다.

새벽에 아이가 깨면 잠든 미셸 대신 요람을 흔들어 아기를 다시 재웠다. 집안에 필요한 물품이 있다면 퇴근길에 마트에 들려 직접 사오기도 했다.

버락이 노력을 하자 미셸도 더는 스트레스를 받지 않았다.

2004년 버락은 연방 상원의원이 되었다. 상원의원이 되자 버락은 워싱턴으로 가야했다. 하지만 미셸은 자신의 직업을 포기할 수 없다며 따라가지 않았다.

2005년 미셸은 시카고 대학병원의 부원장이 되었다. 처음 병원의 지역 업무 담장자로 들어와 부원장 자리까지 오른 것이었다. 하지만 사람들은 연방 상원의원인 남편 덕에 승진했다며 수군거렸다. 이에 병원 원장 마이클은 한마디로 무시했다.

"미셸의 능력 자체가 승진의 이유입니다."

미셸은 그와 함께 대형 식품 회사의 사외 이사를 지내기도 했다. 두 회사에서 벌어들이는 미셸의 수입은 연방 상원의원인 남편의 월급보다 훨씬 많았다.

연방 상원의원이 된 버락은 그해 민주당 전당대회에서 연설을 했다. 이 한 번의 연설로 버락은 전국적인 관심의 대상이 되었다. 이때부터 주변과 언론에서는 떠오르는 미국의 차기 대통령 후보로 버락을 자주 언급했다.

이른 아침, 주방에서 식사를 준비 중인 미셸에게 버락이 다가왔다. 미셸이 놀란 얼굴로 말했다.

"오늘 따라 일찍 일어나고 웬일이에요?"

"미래에 대해 내 결심을 알려줄 게 있소."

미셸은 버락이 무슨 말을 하려는지 알고 있었다. 텔레비전에서는 계속 버락이 민주당의 대통령 후보로 나와야 한다고 연일 보도하고 있었다.

"무슨 말을 하려는지 알아요. 하지만 그전에 대신 조건이 있어요."

팔짱을 낀 채 미셸이 말했다. 그러자 버락이 입가에 손가락을 대며 웃었다.

"나도 당신이 무슨 말을 할지 알고 있소."

"뭔데요? 말해 보세요."

"선거기간에도 가정에 충실하고 틈틈이 아이들을 돌봐달란 말을 하고 싶은 거지?"

팔짱을 낀 미셸이 고개를 끄덕이며 웃었다.

"맞아요. 역시 잘 아시네요."

"그렇게 할테니 당신도 대통령 선거를 도와주길 바라오."

"근데 한 가지 조건이 더 있어요."

미셸이 둘째손가락을 흔들어 보였다. 미처 거기까진 생각하지 못

했다는 듯 버락이 궁금한 얼굴로 바라봤다.

"그게 뭐요?"

"담배를 끊으세요."

버락은 의외의 요구에 놀라면서도 한편 웃음을 지었다.

"정말 받아들이기 어려운 부탁이로군."

"담배를 끊을 자신도 없으면서 대통령이 될 자격이 있다고 생각하세요?"

미셸의 질문에는 자기 자신과 싸워 이기지도 못한다면 큰 나라를 책임질 수 있겠느냐는 뜻이 숨어 있었다. 마침내 버락이 고개를 끄덕였다.

"알았소. 금연하겠소."

그러자 미셸이 웃는 얼굴로 경례를 붙였다.

"그럼 지금부터 당신을 대통령 각하로 모시겠습니다."

드디어 버락은 민주당의 대통령 후보로 출마했다. 처음에 미셸은 평상시처럼 사회활동에 전념하며 아이들을 돌보며 지냈다. 그러다 시간이 남으면 조용히 선거를 도왔다.

민주당 대통령 후보가 된 버락은 지지율이 갈수록 높아졌다. 버락은 부인이 자신을 적극적으로 돕길 바랐다.

"선거에서 이기려면 당신처럼 능력 있는 인재가 필요하오."

"알았어요. 병원 부원장직을 그만두고 당신을 돕겠어요."

2008년 대통령 선거 운동이 본격적으로 시작되자 미셸은 대학 병원 부원장직을 그만뒀다.

"그래도 가정은 포기할 수 없어요."

"알겠소. 선거운동은 정해진 날에만 하고 쉴 때는 항상 집에 있겠소."

"또 한 가지. 아이들 학교 행사가 있는 날에는 선거운동을 하지 마세요."

"아이들에게 맞춰서 유세 날짜를 잘 조정하겠소."

미셸과 버락은 가정생활과 선거운동을 함께 하기로 뜻을 합쳤다. 선거기간 동안에도 딸들의 축구 경기나 발레 발표회 같은 학교 행사가 있는 날에는 부부는 빠지지 않고 참석했다. 더군다나 미셸은 학부모가 참여해야 하는 학부모 행사에도 한 번도 빠지지 않고 모두 참석 했다. 그런 미셸을 보며 버락은 이렇게 말했다.

"내가 슈퍼맨이라면 당신은 원더우먼이로군."

선거 유세로 전국을 돌아다녀야 하는 버락에게 미셸은 노트북 두 대를 보냈다. 그렇게 아빠가 딸들과 연락을 하며 지내도록 했다.

"아이들이 보고 싶으면 화상채팅을 하세요."

미셸은 20개월의 치열한 선거운동 기간에도 하룻밤 이상 딸들과 떨어진 적이 없을 정도로 붙어 있었다. 아빠의 선거로 자녀들이 소외감을 느끼지 않도록 배려한 것이다.

선거 기간 중에 부부가 나란히 방송에 출연하는 경우도 있었다. 유명 토크 쇼에 출연한 미셸에게 사회자는 남편에 관해 물었다.

"대통령 후보인 버락은 집 안에서 어떤 사람인가요?"

미셸은 옆자리에 앉은 남편을 흘겨보며 말했다.

"아무데나 양말을 벗어놓고, 소파에 등을 기대자마자 코를 고는 사람이지요."

버락은 미소를 짓고는 고개를 양 무릎 사이로 파묻었다. 사회자는 솔직한 미셸의 대답에 크게 웃었다.

"하하하. 남편 흉을 너무 보는 거 아닙니까?"

"대단해 보이는 제 남편도 집 안에선 평범한 인간이에요. 가끔 슈퍼맨처럼 보일 때도 있지만 그래도 신은 아니지요."

"말씀을 재미있게 하시네요. 버락도 집에 있는 걸 좋아하겠어요."

"네, 소파에 앉아 웃는 걸 좋아해요. 제가 저희 집에서 제일 웃기거든요."

사회자가 한참 껄껄거리며 웃더니 고개를 돌려 버락에게 물었다.

"아내는 당신에게 어떤 사람인가요? 웃긴 거 빼고요."

"내 인생의 전부이죠. 나를 지켜주는 든든한 버팀목입니다."

미셸에게 미소를 지은 버락이 말을 이었다.

"그리고 우리 집안의 마무리 투수라 할 수 있지요."

"부인 칭찬이 대단하신데요."

"그럼요, 저는 아내 덕분에 수십 년을 피워온 담배도 끊었습니다."

버락은 선거에 출마하면서 금연을 하기로 한 아내와의 약속을 이야기했다.

"미셸은 늘 저를 더 나은 남자가 되도록 만들어줬지요."

"더 나은 남자란 어떤 남자를 말하지요?"

"아이들을 보살필 능력을 가진 남자지요."

버락은 가족의 소중함을 미셸을 통해 배웠다고 덧붙였다.

"마지막으로 미셸도 한 마디 해주시죠."

"버락은 저에게 부자가 되겠다고 약속을 하지 않았어요."

"그럼 어떤 약속을 했지요?"

"대신 흥미진진하고 재미있는 인생을 살게 해주겠다고 약속했죠. 덕분에 이렇게 텔레비전에도 출연했으니 약속은 잘 지키네요."

미셸의 말이 끝내자 스튜디오 안은 웃음과 박수 소리로 가득 찼다.

방송이 끝나자 사회자는 미셸에게 먼저 악수를 청했다.

미셸의 재치 있는 말솜씨는 어디를 가나 환영을 받았다. 하지만 거침없는 미셸의 말이 문제가 됐던 적도 있었다.

선거 초창기 미셸은 잦은 농담으로 몇몇 사람들의 지적을 받았다. 직선적이고 솔직한 그녀의 성격 때문이었다. 특히나 언론은 미셸의 이런 작은 실수를 선정적으로 보도했다.

어느 날, 미셸은 선거 유세 도중 많은 군중들 앞에서 감격한 채 이렇게 말했다.

"성인이 된 후 처음으로 조국을 자랑스럽게 생각했습니다."

다음날, 언론은 미셸을 여태껏 조국을 단 한 번도 사랑해 본 적이 없는 여자로 만들어 버렸다. 또한 불평, 불만이 많은 수다쟁이 여사로 표현했다.

그날의 발언 이후 미셸은 말조심을 했다. 특히나 말을 하지 않아야 할 때는 확실하게 침묵해야 한다는 것을 알았다. 그후로 잘 모르거나 논란이 될 만한 질문에는 대답을 피하거나 솔직히 모르겠다고 대답했다.

하지만 언론은 사람들의 관심을 한 몸에 받는 미셸을 그냥 내버려 두지 않았다.

어느 날, 미셸이 백인에게 흰둥이라는 욕을 했다는 보도가 나왔다. 그러자 확인되지 않은 뉴스임에도 언론은 그녀에 대한 비난을 멈추지 않았다.

기자들은 선거 유세를 돕는 미셸을 귀찮을 정도로 쫓아다녔다. 마이크와 녹음기를 들이대며 계속해서 질문했다.

"혹시 흰둥이라는 말을 하신 적이 있나요?"

"백인을 비하했다는 소문이 있던데 사실인가요?"

자리에서 멈춰 선 미셸은 단호하게 말했다.

"사실이 아닙니다. 저는 어떤 인종차별도 반대합니다."

미셸은 변명을 하지 않았고 길게 말하지도 않았다. 결국 며칠 후, 미셸은 그런 말을 한 적이 없는 것으로 드러났다. 언론이 만들어 낸 악의적인 가짜 뉴스였다.

그러자 그동안 말을 아꼈던 이들이 나서서 미셸을 응원했다.

"그럼 그렇지, 미셸이 그런 말을 했을 리가 없지."

시간이 지나자 미셸에 대한 동조 언론이 많아졌다. 여기에는 미셸의 젊고 활기찬 이미지가 큰 도움이 되었다. 미셸의 인기는 시간이 갈수록 높아졌다.

선거 막바지, 시카고 호텔 로비에서 버락을 후원하는 파티가 열렸다. 대통령 선거 투표일이 얼마 남지 않았을 때였다.

뷔페 식사를 하며 모인 많은 이들이 버락의 승리를 응원했다. 미셸도 두 딸, 말리아와 사샤를 데리고 파티에 참석했다.

미셸은 강렬한 노란색 원피스 차림이었다. 큰 키에 우아한 미셸은 호수를 헤엄치는 노란 백조와 같았다. 미셸이 가는 곳마다 많은 여성들이 몰려들었다.

"어머, 원피스가 너무 잘 어울리네요."

미셸은 지적인 스타일과 화려한 경력뿐만 아니라 뛰어난 패션 감각으로 많은 대중의 관심을 끌었다.

"이 옷 어디서 구입했어요?"

미셸은 아무렇지도 않은 듯 꾸미지 않고 대답했다.

"아울렛 매장에서 40불에 싸게 샀어요."

"정말요? 엄청 비싸 보이는데요?"

"제가 어디서 샀는지 알려 드릴게요."

이런 미셸의 행동은 이전 미국 상류층 가족들의 모습과는 다른 것이었다. 미셸이 한국 돈으로 4만원 정도에 중저가 드레스를 입고 후

원회에 나왔다는 것은 당장의 화제가 되었다.

"와우, 4000불은 넘을 것 같은데 역시 옷 고르는 안목이 있으세요."

"미셸이 입으니 고급스럽게 보이네."

"이래서 옷걸이가 중요한 거야. 호호호."

모인 부인들은 개성 있고 뛰어난 패션 감각을 선보이면서도 검소함을 잃지 않은 미셸에게 부러움과 친근함을 동시에 가졌다.

전에 미셸은 학교에서 열린 자선 행사에 흙 묻은 운동화에 트레이닝 복 차림으로 나타나 사람들을 놀라게 했다. 이렇게 소탈한 미셸이었지만 남들에게 아름답게 보이기 위해서는 자신만의 스타일을 내세웠다.

그것은 바로 스스로 즐겁고 편안하고 당당함을 잃지 않는 자세였다. 이런 미셸의 패션 감각은 케네디 대통령의 부인이었던 재클린 케네디와 비교되어 검은 재클린이라고도 불리었다.

정장 차림의 숙녀들과 함께 미셸이 한참 이야기를 나누고 있을 때였다.

지팡이를 진 노파를 부축하며 한 여인이 가까이 다가왔다. 정장 차림의 금발 머리 여인은 미셸을 향해 미소를 지으며 한 손을 흔들었다.

"반가워. 미셸, 날 기억 하겠니?"

자세히 보니 프린스턴 대학 신입생 시절에 기숙사 방을 함께 썼던 캐서린이었다. 미셸은 캐서린을 알아보고는 웃음을 띠었다.

"물론이지 캐서린. 잘 지냈지?"

"응, 나도 너처럼 변호사가 됐어."

인사를 나눈 캐서린이 잠시 쭈뼛거리다 옆에 지팡이를 진 노파를 가리켰다. 바로 그 노파는 캐서린의 어머니였다.

"어머니께서 너에게 할 말이 있다고 해서 모셔왔어."

미셸은 웃는 얼굴로 인사를 했다.

"안녕하세요."

노파는 희미한 미소를 지으며 고개를 끄덕였다.

"미셸, 대학 때 기숙사 일은 잊었으면 한다."

대학시절, 캐서린의 어머니는 방 친구가 단지 흑인이라는 이유만으로 딸의 방을 옮겼었다. 미셸에게는 가슴 아픈 기억이었다. 하지만 그 일로 자신이 계속 상처를 받을 수는 없었다.

"다 지난 일입니다. 전 아무렇지도 않아요."

"난 그때 내 행동을 무척 후회하고 부끄럽게 생각한단다."

"옛날에는 그렇게 생각하는 사람들이 많았지요."

노파는 촉촉한 눈빛으로 미셸을 바라봤다.

"지금이라도 미안하다는 말을 해주고 싶어 왔어."

"마음을 바꾸기란 힘든 법이고 큰 용기가 필요하지요."

미셸은 웃음 띤 얼굴로 노부인의 손을 살며시 잡아 주었다.

"부인, 이젠 그만 미안해하셔도 돼요."

노부인이 자신을 잡고 있던 미셸의 손을 꽉 쥐었다.

"내 딸은 잠깐이나마 미래의 영부인과 한 방을 쓴 걸 지금도 영광스럽게 생각하네."

고개를 숙이는 노파의 눈에는 눈물이 어려 있었다. 미셸은 조심스럽게 노파에게 손수건을 건네줬다.

이후 캐서린 모녀는 미셸 곁에 한참 머물며 지난 이야기들을 나누었다.

후원회의 마지막 행사로 버락의 연설이 있었다.

연단에서 버락이 연설하는 동안 미셸은 그 뒤에서 앉아 있었다.

연설이 끝난 후, 기자들은 버락에게 남은 선거 기간 동안 어떻게 선거운동을 할 것인지 질문을 했다. 버락의 대답이 모두 끝나자 뒤에 앉은 미셸에게도 질문이 돌아왔다.

"버락이 대통령으로 당선된다면 최초의 흑인 퍼스트레이디로서 무엇이 제일 중요하다고 생각하시나요?"

잠시 한숨을 쉰 미셸이 웃으며 대답했다.

"제 아이들을 바르게 키우는 게 제일 중요하지요."

버락은 예상한 대답이 나왔다는 듯 피식 웃었다. 청중들도 크게 웃었다.

기자는 미셸의 대답이 성이 차지 않는다는 듯 또 질문했다.

"이전의 영부인들과 달리 하고 싶은 게 있으신가요?"

"전 누구와도 닮지 않은 저 자신일 뿐입니다. 저는 지금까지 살아왔던 대로 살 생각입니다."

청중들은 일제히 미셸을 바라봤다. 미셸은 빛나는 눈동자로 꿈을 꾸는 듯 말했다.

"제가 영부인이 되어도 바뀌는 건 없을 겁니다. 저는 솔직하게 느낀 대로 말할 것이고 가족을 중요시 하는 삶을 살 겁니다. 그리고 미국민들을 우리 가족들처럼 여기며 살아갈 겁니다."

미셸이 대답을 끝내자 청중들은 일제히 박수를 쳤다. 앉아서 연설을 듣던 많은 이들이 일제히 자리에서 일어나 계속 박수를 쳤다.

연단 앞에 선 버락도 돌아서서 미셸을 바라보며 박수를 보냈다. 이때 미셸은 버락과 눈을 마주쳤다.

두 사람이 나누는 미소에는 다가올 미합중국의 밝은 미래가 어려 있었다.

자랑스러운 퍼스트레이디에서 미래의 대통령으로

추운 겨울이 물러났지만 워싱턴은 아직 쌀쌀한 초봄이었다.

백악관 정문이 열리면서 검은색 리무진 차량이 빠져나왔다. 경찰 오토바이의 호위를 받는 리무진의 좌우에는 경호 차량이 뒤따랐다.

리무진 뒷좌석에는 미셸과 두 딸이 마주보고 앉아 있었다.

미셸은 차창 너머로 멀어지는 백악관을 바라봤다. 버락이 대통령에 당선된 지도 벌써 석 달이 지났다.

2009년 버락 오바마는 48세에 미국 대통령이 되었다. 이는 케네디 대통령에 이어 두 번째로 젊은 대통령이었다.

8세인 둘째 딸 사샤가 총알도 막아내는 방탄 차창 너머를 가리켰다.

"엄마, 저것 봐!"

경호 차량 옆으로 취재기자 차량이 따라붙고 있었다. 뚜껑이 열린 자가용 위에 기자들이 카메라를 들고 있는 모습도 보였다.

오늘은 워싱턴의 초등학교로 딸들을 등교시키는 첫 날이었다. 신문과 방송기자들은 신학기를 맞은 영부인과 그 딸들을 취재하기 위해 쫓아오는 것이었다.

미셸은 앞좌석의 운전사에게 말했다.

"기자들을 따돌릴 수 없나요?"

"네, 알겠습니다."

리무진 차량이 속도를 내자 미셸은 걱정스런 얼굴로 말했다.

"누구도 다치지 않게 조심하세요."

무전을 받고 뒤따르던 경호 차량은 속도를 줄여 취재진의 차량을 막아섰다. 그 사이 리무진은 워싱턴의 초등학교 앞으로 향했다.

손가락을 입에 문 사샤가 호기심 어린 얼굴로 엄마에게 물었다.

"왜 우리들을 쫓아오는 거야?"

미셸 대신 11세가 된 첫째 딸 말리아가 대답했다.

"방송에 내보내려고 하는 거야."

"방송에 왜?"

"아빠가 대통령이잖아. 그러니깐 우리한테 관심이 많은 거야."

말리아가 웃으며 자랑스럽게 대답했다. 미셸은 그런 말리아를 걱정스런 얼굴로 바라봤다.

"학교 다 왔으니 이제 가방과 준비물을 챙겨라."

"엄마, 걱정 마. 경호원 아저씨들이 다 가져다주기로 했어."

우쭐한 얼굴의 말리아가 엄지손가락으로 뒤를 가리켰다. 뒤에는

검은색 경호 차량이 따르고 있었다.

미셸은 엄한 얼굴로 바라보며 말했다.

"말리아, 아버지가 대통령이라고 나랑 너희들까지 대통령인건 아니야."

"넷?"

"너희까지 대통령 대우를 받을 생각을 하지 마라."

"네."

리무진은 초등학교 앞에 섰다. 취재 차량을 따돌렸다고 생각했지만 이미 다른 방송국 기자들이 학교 앞에 진을 치고 있었다. 카메라를 든 기자들은 좋은 자리를 차지하기 위해 서로 밀치고 있었다.

밖을 내다보며 미셸은 한숨을 쉬었다. 그리고 차에서 내리기 전에 다시 한 번 말리아와 사샤에게 부탁했다.

"너희들은 특별하지 않고 평범하다는 걸 학교에서도 늘 기억해야 한다."

"네."

말리아와 사샤는 크게 대답을 하고는 차에서 내렸다. 두 딸은 엄마의 말대로 경호원들이 들고 있던 가방을 빼앗아 직접 챙겨들었다. 기자들은 두 아이의 사진을 찍으려고 북새통을 이루었다.

경호원들이 기자들을 막아서는 동안, 말리아와 사샤는 도망치듯 교문 안으로 뛰어 들어갔다. 미셸은 몸싸움을 벌이며 경쟁적으로 취재하는 기자들을 바라보며 생각했다.

'도대체 아이들한테 무슨 짓을 하고 있는 거지?'

버락은 젊은 대통령이었다. 거기다 미셸은 결혼 6년 후에야 늦게 첫 아이를 낳았다. 문제는 대통령 임기가 두 딸이 자라나는 시기와 상당부분 겹치는 것이었다.

'아이들이 정상적인 삶을 살게 하는 것이 내 첫 번째 임무야.'

이제 미셸의 첫 번째 임무는 두 딸을 건강하고 평범한 아이들로 키워내는 것이 되었다.

아이들을 학교에 데려다 주고 돌아온 미셸은 백악관 직원들을 불러 모았다. 주로 사택에서 미셸의 가족들을 돌보는 직원들이었다.

"말리아와 사샤에게 절대로 특별대우를 하지 마세요."

"영부인께서 구체적으로 말씀해 주시면 지시에 따르겠습니다."

"아이들이 자기 잠자리는 스스로 정리하게 해주세요."

"네, 알겠습니다."

"방 청소도 스스로 하게 하세요."

"네, 그렇게 하겠습니다."

미셸은 수업을 마치고 백악관으로 돌아온 말리아와 사샤에게도 똑같이 말했다.

"백악관에서 살게 됐다고 들뜨지 말고 시카고에서처럼 생활해야 한단다."

미셸은 계속해서 대통령의 자녀가 특별한 것이 아니라며 평범할 것을 요구했다. 그리고 실제 생활은 더욱 엄격했다.

"텔레비전 시청은 주말에만 하고 컴퓨터는 숙제할 때만 써라."

첫째 딸 말리아가 고개를 끄덕이며 말했다

"그렇게 할테니 스마트 폰 좀 사 주세요."

"중학생이 되면 사줄게."

결국 말리아는 중학생이 돼서야 스마트폰을 갖게 되었다. 하지만 그나마 주말에만 사용하게 했다.

미셸은 딸들에게 두 가지 이상 운동을 하거나 한 가지씩 악기를 배우도록 했다. 책을 읽거나 여행을 가면 항상 글을 써서 기록을 남기도록 하기도 했다.

미셸은 자신의 일을 알아서 하도록 어렸을 때부터 훈련을 시켰다. 그 덕분에 두 딸은 어린 나이에도 스스로 자제하여 책임감을 가지며 자라났다.

또한 미셸은 무조건 엄한 엄마는 아니었다. 늘 두 딸의 고민을 함께 나누며 대화를 나누었다. 특히, 아이들 학교 행사에는 반드시 참석했다. 이는 남들에게 보이기 위한 것이 아니라 딸들에 대한 애정과 관심 때문이었다.

버락의 임기 초반에 미셸은 주 2일, 후반에는 3일만 퍼스트레이디로서의 공적인 일을 봤다. 나머지는 엄마의 삶을 살았다.

하지만 미셸이 자신의 딸 교육만 챙긴 것은 아니었다.

취임 3일 만에 가진 첫 공식행사는 라틴계 청소년들과의 만남이었다. 그 자리에서 미셸은 자신이 퍼스트레이디로서 수행할 제일 큰 임무가 교육임을 알렸다.

"나를 보세요. 시카고의 가난한 흑인 노동계층의 집 안에서 자란 내가 해냈다면 청소년 여러분도 해낼 수 있습니다."

나를 보라고 외치는 미셸은 어린이와 청년, 여성들에게 희망의 멘토였다. 그 희망은 교육을 통해 이루어질 수 있었다. 그것이 아메리칸 드림이었다.

"아이들에게 희망을 주고 기회를 열어주어야 합니다."

미셸은 퍼스트레이드로 흑인과 여성, 아동의 인권향상을 위해 노력했다. 흑인계 무슬림 여배우를 위해 직접 대학 입학 추천서를 써 줄 정도로 교육에 열의가 있었다.

보름달이 뜬 백악관의 뒤뜰.

아이들이 잠든 사이에 미셸과 버락은 정원을 거닐었다. 바쁜 와중에 두 사람이 함께 할 시간은 야간 데이트밖에 없었다. 부부의 대화는 심각하지 않았고 늘 유쾌해서 웃음소리가 끊이지 않았다. 때로는 정책에 관한 대화도 나누었다.

정원 벤치에 나란히 앉은 미셸이 버락에게 물었다.

"의료 보험 개혁은 어떻게 되고 있어요?"

임기 초반 버락은 의료 보험 개혁에 집중하고 있었다. 이를 버락 오바마 케어라고 불렀다. 당시 미국인들은 비싼 병원비 때문에 병원 가는 걸 꺼릴 정도로 나쁜 상황이었다.

버락은 모든 국민을 의료 보험에 가입시켜 국가에서 이를 관리시키려 했다. 하지만 공화당이 이에 반대하고 있었다.

"지금 국민들에게 홍보를 하면서 공화당을 설득하고 있지요."

"저도 국민 건강에 도움이 될 수 있도록 나서 볼게요."

"내 의료보험 정책을 홍보해 줄 생각이라면 대 찬성이요."

"그것도 좋지만, 저 나름대로의 생각이 있어요."

"그게 뭐요?"

버락이 궁금한 얼굴로 보자 미셸은 버락의 한 손을 잡아 일으켰다.

"이리와 보세요."

달빛을 받으며 버락은 미셸의 손에 이끌려갔다. 얼마 걷지 않자 미셸이 정원 구석을 손으로 가리켰다. 그곳에는 뭔가 심기 위해 파헤쳐져 있었다.

"여기에 텃밭을 가꿔볼 생각이에요."

"텃밭이랑 국민 건강이랑 무슨 상관이죠?"

미셸은 정원에 유기농 채소를 가꿔 홍보할 생각이었다.

"정크 푸드에 길들여진 미국인들의 식성을 바꿔보고 싶어요."

정크 푸드란 건강에 좋지 않은 인스턴트식품을 말한다. 버락은 미셸이 무슨 말을 하려는지 이해했다. 하지만 의문이 들었다.

"그게 가능할까? 국민들이 햄버거랑 콜라를 얼마나 사랑하는지 잘 알지 않소?"

"불가능하다고요? 저는 당신 담배도 끊게 만든 사람이에요."

미셸의 대답에 버락은 웃음을 참지 못하고 고개를 끄덕였다.

"맞소. 당신이라면 못 할 일이 없지."

다음날부터 미셸은 작업복 차림으로 삽자루를 들고 정원에 나왔다.

"정원 이름은 '주방 정원'이라고 하겠어요."

주방에서 먹을 음식을 만들어 내는 정원이라 하여 '주방 정원'이란 이름을 붙였다.

흙을 묻히며 텃밭에서 일하는 영부인의 모습은 많은 언론의 주목을 받았다.

미셸은 신선한 과일과 채소를 재배하기 위해 비료를 쓰지 않았다. 친환경 유기농법으로 재배된 채소는 3월의 햇살을 받으며 잘 자라났다.

모두 55종의 채소를 심는데 들어간 백악관 예산은 22만 원 밖에 안 됐다. 씨앗과 농기구 값 정도였다.

미셸로서는 처음 지어보는 농사였지만 대성공이었다. 열심히 심고 가꾼 덕분에 채소들은 잘 자랐다.

"좋았어. 일단 주인이 먼저 맛을 보겠어요."

미셸은 수확한 채소를 백악관 식탁에 올렸다. 그리고 이를 오바마 푸드라 하여 대통령일가의 식단으로 공개했다. 직접 먹고 남은 채소는 팔아서 불우이웃돕기에 기부했다.

퍼스트레이디의 텃밭 가꾸기는 많은 이들의 관심을 불러 일으켰다. 또한 오바마 푸드는 유기농 열풍을 불러일으켰다.

이는 미국 사회의 유행처럼 퍼져 로컬 푸드로 이어졌다. 로컬 푸드는 자기 지역에서 생산된 농산물을 직접 소비하자는 활동이었다.

미국의 주요 대학과 학교에서는 〈농장에서 학교로〉라는 프로그램을 시작했다. 인근 지역에서 생산된 농식품을 학교 급식 재료로 사용하는 것이었다. 또한 학교 내 빈 곳을 텃밭으로 만들어 학생들이 농업을 체험할 수 있도록 도왔다. 이는 어릴 때부터 농업의 중요성과 건강한 먹거리의 중요성을 배우게 했다.

미셸은 텃밭 가꾸기를 적극적으로 홍보했다. 미셸의 제의로 영국의 엘리자베스 여왕도 버킹검 궁에 텃밭을 가꾸어 채소를 재배할 정도였다.

텃밭 가꾸기와 유기농 식품 섭취가 유행처럼 번졌지만 미셸은 이에 만족하지 않았다.

"좋은 것을 먹는 것만으론 건강해지지 않습니다."

기자들이 궁금증을 물어보았다.

"그럼 뭐가 더 필요하지요?"

"몸을 움직여 운동을 해야지요."

텃밭 가꾸기에 이어 미셸은 함께 움직이자는 뜻의 〈렛츠 무브〉라는 어린이 비만 퇴치 캠페인에 나섰다. 이는 미셸이 예전에 병원에서 일하며 익혔던 보건행정 경력이 큰 도움이 되었다.

미셸은 아동비만 퇴치와 건강한 식생활 확산 운동을 위해 워싱턴 북서부의 엘리스 중학교를 깜짝 방문하기도 했다. 여기서 미셸은 학생들과 춤을 추며 영부인답지 않은 자유분방한 모습을 보였다. 또한 학생들과 랩을 함께 흥얼거리며 거리낌없이 행동했다.

미셸은 핼러윈 파티에 아이들을 백악관으로 초대해 캣우먼으로 변신하는 등 스스로 자유롭게 행동했다. 미 국민들은 체면을 따지지 않고 소통하길 원하는 미셸에게 최고의 퍼스트레이디라는 찬사를 아낌없이 보냈다.

햇살이 따뜻한 5월 달에 백악관 식당에서 일어났던 일이다.

이때 미셸은 백악관을 방문한 어린 학생들에게 자신이 직접 재배한 채소를 내놓았다. 식사를 하던 한 꼬마가 맞은편의 미셸에게 갑작스런 질문을 했다.

"직접 채소를 재배하시는 게 좋나요?"

"그럼, 아주 즐겁게 일을 했지."

"영부인 아줌마는 가족들을 위해 음식 만드는 걸 좋아하시나 봐요?"

미셸은 고개를 가로 저으며 웃으며 대답했다.

"아니. 주방일은 하기 싫어요."

"정말이요?"

"그래, 난 요리하는 게 즐겁지 않아."

"왜요?"

"다른 사람들이 음식을 해주는 게 편하잖아. 또 그게 내가 하는 것보다 아주 맛있거든요!"

"이건 맛있는데요."

꼬마는 자신이 먹던 샐러드를 가리켰다.

"그건 내가 직접 재배했지만, 요리는 주방장이 했거든."

미셸의 말에 꼬마와 주변의 친구들이 모두 까르르 웃었다. 언제나 꾸밈없이 솔직하고 소탈한 미셸의 모습은 남녀노소를 가리지 않았다.

가을이 되자 미셸은 백악관 부근에 최초로 농부시장을 만들었다. 그리고 훗날 이때의 텃밭 가꾸기 경험을 책으로 써서 〈미국의 재배법〉이라는 제목으로 출판했다.

2010년 3월이 되자 버락 오바마의 의료 보험 개혁안 법안은 하원을 통과했다.

미셸은 백악관에 들어와서 하기 싫은 주방일을 그만뒀다고 솔직히 말했다. 하지만 그럼에도 음식을 만들지 않았던 것은 아니었다.

2013년에 미셸은 트위터에 미국 대통령 영부인이라는 이름으로 김치 담그는 법과 김치를 담은 병을 공개했다.

"달달한 음식은 못 만들지만 건강한 음식은 잘 만들지요."

미셸은 정원에서 재배한 배추를 뽑아 주방에서 김치를 직접 담갔다.

"여러분도 저처럼 김치를 담가 먹어 보세요. 건강해질 겁니다."

미셸이 올린 글과 사진으로 인해 텃밭 가꾸기에 이어 김치담그기가 또 한 차례 유행처럼 번졌다.

미셸이 퍼스트레이디로 자리매김하는 동안 버락도 대통령으로서의 직무를 훌륭히 수행하고 있었다. 2009년에는 노벨평화상을 수상

하기도 했다. 중동평화 회담 재개와 이란 핵 타결, 파리 기후 협약 타결 등의 업적이 인정받은 것이었다.

2012년 버락 오바마는 민주당 대선 후보로 또다시 선출되었다. 한 번 더 대통령직에 도전한 것이었다. 이번에는 공화당 미트 롬니 후보와 접전을 벌인 끝에 재선에 성공했다. 지난 4년의 대통령 임기를 포함해 버락은 8년간 대통령직을 수행했다.

2016년 여름, 대서양이 내려다보이는 매사추세츠주의 남부 해안가. 8월의 아침은 햇살부터 뜨거웠다.

유명 휴양지인 마서스 비니어드 섬의 낸시스 레스토랑이 아침 일찍 문을 열었다. 낸시스는 해산물 레스토랑으로 인근에서 꽤나 알려진 유명한 식당이었다.

오전 일곱시가 되자 맨 먼저 아르바이트생이 출근했다.

점원인 토미는 새로온 아르바이트생이 일을 잘하는지 살펴봤다.

"가게 정리부터 시작해."

15세인 흑인 소녀 사샤는 토미가 가르쳐준 대로 청소부터 시작해서 영업 준비를 하고 있었다. 사샤가 여기서 일을 한 지는 이틀밖에 되지 않았다.

"좋아. 다음엔 테이블을 닦고 의자를 제자리에 갖다놔."

사샤는 꿈뜨지 않고 빠르게 자신의 할 일을 해나갔다.

새로온 아르바이트생이 너무 어려 걱정을 했는데 시키는 대로 일을 잘했다.

"이따 낮엔 시키지 않아도 서빙하고 계산도 알아서 해야된다."

"네."

토미는 고개를 숙이며 대답하는 사샤를 자세히 쳐다봤다. 왠지 어디선가 본 얼굴에 들은 이름 같았다. 하지만 정확히 기억이 나지 않았다.

사샤에게 일을 시킨 토미는 문득 가게 밖을 쳐다봤다. 자신이 레스토랑에 출근한 새벽부터 서있던 검은색 차량이 아직도 서있었다.

그러고 보니 이틀전부터 자주 보이는 수상한 차량이었다. 혹시 강도나 테러범이 끌고 온 차일지도 몰랐다.

'경찰에 신고를 해야 하나?'

차량을 자세히 보니 검은 양복을 입은 건장한 사내가 차 밖으로 나왔다. 이때 선글라스를 낀 사내가 손에 무전기를 들고 있는 것이 보였다.

"호, 혹시?"

토미는 깜짝 놀란 얼굴로 밖의 차량과 안에서 일을 하고 있는 사샤를 번갈아 바라봤다. 그리고는 테이블 보를 갈고 있는 사샤를 불렀다.

"잠깐 이리로 와볼래?"

"네? 다른 일 할 게 있나요?"

사샤가 다가오자 토미가 밖의 차량을 가리키며 물었다.

"혹시 저 차량 아는 차냐?"

밖을 내다보던 사샤가 이내 체념한 얼굴이 되었다.

사샤는 토미를 바라보며 웃는 얼굴로 솔직히 말했다.

"아, 저를 경호하기 위해 온 비밀 경호국 차예요. 방해하지 말라고 했는데 저렇게 차를 바싹 앞에다 대놨네."

사샤가 아르바이트를 하는 동안 모두 여섯명의 백악관 비밀경호국의 요원들이 레스토랑 앞에 큰 차량을 세워놓고 지켜보고 있었다.

토미의 두 눈이 휘둥그레졌다.

"그럼 네가 바로 버락 오바마 대통령의 딸 사샤니?"

"네, 맞아요."

그러고 보니 기억이 났다. 미셸과 두 딸이 텔레비전에 나온 것을 본 적이 있었다. 막내 이름이 사샤라는 것도 그제야 떠올랐다. 더군다나 이곳 마서스 비니어드 섬은 대통령이 휴양지로 자주 찾던 곳이었다.

멍한 얼굴로 서 있는 토미의 안색을 살피며 사샤가 물었다.

"무슨 문제라도 있나요?"

"아, 아니!"

그래도 토미는 믿을 수가 없었다.

'현직 대통령의 딸이 아르바이트를 한다니!'

'낸시스'의 시급은 12달러로 1만 5천 원 정도였다. 이해가 되지 않았지만 대통령의 딸과 함께 일을 한다는 건 영광이었다.

"함께 일하게 돼서 기뻐. 소문나면 여기 손님도 늘겠다."

토미는 양손으로 사샤의 손을 잡고는 다시 인사를 했다.

웃으며 사샤가 대답했다.

"경호원 아저씨들 차를 안 보이는 대로 빼라고 할게요."

"아냐, 그럴 필요 없어."

"그럼 저는 제 할 일을 할 게요."

"어려운 일이 있으면 내게 꼭 말해라."

"절 특별대우하지 마세요. 여기서 저는 평범한 아르바이트생일 뿐이에요."

"아, 알았다."

미셸의 가족은 대통령 취임 이후 매년 마서스 비니어드 섬을 찾았다. 그 중 해산물 레스토랑인 '낸시스'는 오바마 대통령이 가장 좋아하는 음식점 중 하나였다.

방학을 맞아 마서스 섬을 찾은 사샤에게 어머니 미셸이 아르바이트를 권유했다.

"몸을 움직여 돈을 버는 게 얼마나 힘들고 가치 있는 지 직접 일하면서 배워보렴"

"네 좋아요."

그렇게 해서 사샤는 매일 오전 일곱시부터 '낸시스'에서 아르바이트를 하게 되었다. 토미가 사샤를 알아본 이후에도 많은 사람들이 대통령의 딸을 알아보았다. 하지만 설마 대통령의 딸이 식당에서 일을 할까 의심을 했다.

기자들이 사실을 확인하기 위해 백악관에 연락을 했다. 하지만 백악관은 공식성명을 내놓지 않았다.

그새 방학이 끝나자 사샤는 아르바이트를 끝내고 워싱턴으로 돌아갔다.

백악관에서의 생활은 예전과 똑같았다.

버락은 백악관에 있는 한 가족과 함께 저녁 식사를 하기 위해 오후 여섯시 반이면 식당에 가야했다. 정치인이나 기부자들과의 저녁 식사 약속은 주중 두 번만 가능했다.

"대통령이 되기 전 했던 약속을 잊으면 안 돼요."

버락은 가족과 저녁 식사를 함께 하겠다고 미셸과 했던 약속을 끝까지 잘 지켰다.

반면 참모들은 버락에게 불평과 하소연을 털어놨다. 가족식사 때문에 국정 회의와 정치적 미팅이 미뤄진다는 이유였다.

그때마다 버락은 웃으며 참모들에게 말했다.

"그게 불만이면 미셸에게 직접 말해 봐요."

그러자 참모들은 모두 입을 다물고 말았다.

2016년 버락 오바마는 성공적인 평을 받으며 대통령직에서 물러날 준비를 했다.

미셸은 남편의 퇴임을 2주 앞두고 백악관으로 특별한 손님들을 초대했다. 바로 상담교사들을 초청한 것이었다.

백악관 축하 연회장에 모인 교사들을 상대로 미셸은 자신의 퇴임 마지막 연설을 했다.

"여러분의 퍼스트레이디로 지낸 것은 내 삶의 가장 큰 영광이었습니다. 또한 여러분의 자랑스러운 퍼스트레이디였기를 바랍니다."

교사들의 얼굴을 찬찬히 바라보며 미셸은 말했다.

"종교, 피부 색깔, 신념이 다르다는 것은 위험한 것이 아니라 우리를 다양하게 만드는 것입니다."

미셸은 미국의 다양성이 가진 힘을 강조했다. 그리고 이민자들에 대한 따뜻한 시선을 내비쳤다.

"이민자들의 새로운 문화와 재능, 아이디어는 미국을 더욱 부강하게 만들었습니다. 그러니 이민자들은 스스로를 자랑스러워해야 합니다."

사회적으로 불법 이민이 문제가 되어 이민자들이 위축되던 시기였다. 특히나 종교적인 갈등도 심해지고 있었다. 하지만 미셸은 소수자들에 대한 응원을 아끼지 않았다.

"무슬림, 기독교인, 유대교인, 힌두교인 등 모든 종교들은 정의와 연민, 정직에 대해 말합니다. 여기에는 차별이 있을 수 없습니다."

미셸은 자신이 처음 백악관에 들어왔을 때 청소년들에게 했던 말을 다시 한 번 남겼다.

"젊은이들이여, 두려워 마세요 집중하세요 결심하세요 희망을 가지세요. 저는 끝까지 여러분과 함께할 것이고 응원할 것입니다."

또 한 번 미셸은 희망을 강조했다. 가족의 백악관 생활을 지탱해준 것은 희망의 힘이었다고 밝혔다.

마지막으로 미셸은 상담 교사들에게 중요한 할 말이 있다고 했다. 이때 미셸의 목소리는 떨렸다. 자신의 학창시절이 떠올랐기 때문이었다.

당시 상담 선생님은 미셸에게 현실적인 이유를 들어 꿈을 포기하게 했다. 하지만 미셸은 이에 굴하지 않고 버틴 끝에 자신이 원하는 대학에 입학할 수 있었다.

"학교 상담 교사들은 학생들의 대학 진학 여부를 결정할 때 가장 중요한 역할을 합니다. 부디 그 중요성을 알고 학생들이 꿈과 희망을 잃지 않도록 신중하게 상담해 주시길 바랍니다."

하고 싶은 말을 했던 미셸의 눈가는 촉촉이 젖어 있었다.

"그동안 저를 지지해주셔서 고마웠습니다."

연설을 마친 미셸은 상담 교사들에게 감사 인사를 전했다.

고별 연설이 끝나자 한 기자가 손을 들고 질문을 했다.

"영부인께서는 백악관을 떠나게 되면 이제 뭘 하실 건가요?"

"저는 이전과 마찬가지로 교육 문제와 어린이 비만 문제를 해결하기 위해 일할 것입니다."

미셸의 대답이 끝나자 다시 한 번 박수 소리가 울렸다.

한 손을 흔들며 미셸은 여유로운 얼굴을 되찾았다. 자리를 함께 한 버락도 일어서서 박수를 쳤다.

며칠 후, 갤럽에서 퇴임 마지막 여론조사 결과가 발표되었다. 여기서 버락 오바마 대통령은 58%의 호감도를 얻었다. 이전 대통령이었던 조지 부시와 빌 클린턴의 호감도 보다 높은 수치였다. 이는 버락이 훌륭하게 대통령직을 마쳤음을 의미했다.

그런데 버락보다 더 호감도가 높은 인물이 있었다. 바로 미셸이었다.

백악관에 들어갈 때 68%의 호감도를 받았던 미셸은 퇴임 후에도 똑같은 68%의 지지를 받았다.

미셸 오바마는 미국 역사상 가장 사랑 받는 퍼스트레이드 중 한 명으로 기록됐다. 시간이 흐르자 대통령이었던 버락보다 미셸을 더 그리워하는 이가 많을 정도였다.

미셸을 잊지 못하는 많은 국민들이 인터넷을 통해 2020년에는 퍼스트레이디 미셸 오바마를 대통령으로 만들자는 캠페인을 벌였다.

"미셸을 미합중국의 다음 대통령으로 뽑아줍시다."

그러나 미셸은 열광적인 지지에도 대통령직에 나설 뜻이 없음을 밝혔다.

"마지막 연설에서 밝혔듯이 저는 국민의 가슴 속에 자랑스러운 퍼스트레이디로 남고 싶습니다."

퍼스트레이디의 역할이 얼마나 크고 위대한 자리인지는 미셸 오바마를 보면 알 수 있다.

미셀 오바마의 생애

1964년	1월 17일 미국 일리노이주, 시카고 사우스사이드 출생
1981년	휘트니 영 고등학교 졸업, 프린스턴 대학교 진학 사회학 전공
1985년	쿰 라우데 급의 우수한 성적으로 프린스턴 졸업, 하버드 로스쿨 진학
1988년	법무박사 학위를 받고 변호사 자격증 취득
1989년	시카고의 시들리 오스틴 로펌에서 변호사로 일하다가 하버드 로스쿨 재학 중 여름 인턴 변호사로 들어온 버락 오바마를 만남
1990년	아버지 프레이저 로빈슨 사망
1992년	버락 오바마와 결혼
1999년	첫째 딸 말리아 탄생
2001년	둘째 딸 사샤 탄생
2008년	버락 오바마가 대통령 선거운동에 뛰어들자 대학 병원 부원장직을 그만두고 남편의 선거운동에 적극적으로 참여
2009년	1월 20일 남편 버락 오바마 제44대 미국 대통령으로 취임
2009년	9월 백악관 부근에 최초로 농부시장을 개설. 아동비만 퇴치와 건강한 식생활 운동 홍보
2012년	텃밭 가꾸기 경험을 쓴 〈미국의 재배법〉 책 출간

미셸 오바마는 어떻게 미국 국민의 사랑을 받았을까?

버락 오바마 대통령은 퇴임 이후 각종 여론조사에서 전임 빌 클린턴과 조지 부시 대통령을 뛰어 넘는 호감도를 기록했습니다. 퇴임 이후에도 58%에 이르는 여론의 지지를 받았지요. 하지만 그런 버락도 미셸의 호감도를 뛰어넘지는 못했습니다. 같은 시기 미셸의 호감도는 68%로 미국 역사상 가장 사랑받는 퍼스트레이디로 기록되었지요. 이렇게 미 국민의 사랑을 독차지한 미셸 오바마의 매력은 무엇일까요?

첫째, 원만한 영부인 역할 수행

미셸은 퍼스트레이디로서 백악관의 안주인 역할을 충실히 해냈습니다. 남편을 내조하면서 정책을 홍보하기도 했으며 대통령의 자문 역할까지 맡았지요. 또한 엄마이자 학부모로서 두 딸의 학교생활까지 일일이 챙기는 열정을 보여줬지요. 또한 결혼 전 변호사와 병원 행정 전문가의 경력을 살려 아동비만 퇴치와 건강한 식생활 확산에도 기여했습니다.

둘째, 흑인 여성과 아동 청소년들의 멘토 역할

미셸은 흑인과 여성, 아동 인권을 위해 맹렬히 뛴 활동가이기도 합니다. 그래서 백악관에 들어가자마자 첫 번째로 교육의 중요성을 강연했습니다.

시카고 빈민가의 흑인 출신인 미셸이 프린스턴과 하버드 대학 로스쿨을 훌륭하게 졸업할 수 있었던 것은 모두 교육의 힘이었습니다. 미셸은 자신의 인생 경험담을 많은 아동 청소년에게 널리 알리며 모두 자신처럼 될 수 있다는 꿈과 용기를 심어주었습니다. 이로서 많은 흑인 여성과 아동 청소년들의 멘토이자 롤모델이 되었지요.

셋째, 가족 중심의 건강한 가치관

백악관에 들어간 미셸은 두 딸을 건강하고 평범한 아이들로 키우는 걸 제일 중요하게 여겼어요. 그래서 경호관들에게도 특별히 아이들을 도와주지 않게 했어요. 아이들 스스로 잠자리를 정리하고 숙제도 혼자 힘으로 하게 했지요. 둘째 딸에게는 보통의 학생들처럼 레스토랑에서 직접 아르바이트를 하게 했어요. 그리고 학교 행사가 있을 때마다 빼놓지 않고 참여해서 아이들을 응원했지요.

대통령인 남편 버락 오바마도 가족과 함께 저녁 식사를 하기 위해 백악관에 있는 한 오후 여섯시 반이면 식당으로 와야 했어요. 미셸이 가족들이 모여 식사를 하는 것을 중요하게 생각했기 때문이지요. 아무리 중요한 일이 있어도 적어도 일주일에 세 번 이상은 가족들끼리 식사를 했어요. 그리고 남편과의 대화도 중요하게 생각했어요. 대통령인 버락이 시간이 없자 밤늦게 백악관에서 야간 데이트를 즐기면서 부부의 정을 이어갔어요.

넷째, 패션의 아이콘

미셸은 큰 키와 긴팔 덕분에 어떤 옷을 입어도 어울렸어요. 주로 평상시엔 민소매 패션을 자주 입고 파티나 공식행사에선 드레스를 입었지요. 이를 통해 미셸은 소탈하면서도 세련된 스타일로 패션의 아이콘으로도 떠올랐지요.

미국 금융위기 이후에 텔레비전에 출연한 미셸은 비싼 디자이너의 옷이 아닌 미국 대중 브랜드의 옷을 입고 나왔어요. 소박한 미셸의 의상을 본 많은 미국인들이 주변 어디에서나 구할 수 있는 그 옷을 따라 입었어요.

미셸은 값비싼 의류나 화려한 악세사리보다 저렴하면서도 점잖고 격조 있는 자신의 스타일을 살릴 수 있는 의상을 찾아 입었어요. 공식행사에서 드레스를 입을 때도 해외의 유명한 디자이너의 고급 옷이 아닌 젊은 미국 디자이너의 옷을 일부러 골라 입었어요.

유명 스타일리스트의 도움 없이 미셸은 스스로 자신의 나이에 맞는 품위 있고 세련된 스타일을 만들어 패션의 아이콘으로 불렸어요. 역대 어느 퍼스트레이디보다도 뛰어난 우아함과 기품이 넘치는 패션스타일로 대중의 각광을 받았지요.

다섯째, 대중과 소통하는 정치 연설

미셸은 연설을 통해 대중들과의 소통을 이어나갔어요. 미셸은 자신의 어려웠던 시절을 절대 잊지 않았고 가족을 중심으로 놓는 가치관을 우선시했어요. 일류대학을 나왔음에도 대중적인 언어로 전달하는 능력이 뛰어났지요. 이런 미셸의 소탈하고 변치 않는 모습과 지적인 대중연설에 많은 미국인들이 열광했어요.

미셸은 백악관을 떠나며 다음과 같은 메시지를 남겼어요.

"젊은이들이여, 두려워 마세요 집중하세요 결심하세요 희망을 가지세요 힘을 가지세요. 두려움이 아니라 희망을 갖고 모범을 보이세요. 제가 여러분과 함께할 것이고 남은 생동안 여러분을 돕기 위해 일하고 응원할 거라는 걸 명심하세요."

미셸의 명연설은 아직도 많은 이들의 기억에 남아 있습니다.